KB233475

고객을 한눈에 사로잡는
상업공간의

디자인 마케팅

| 개정판 |

고객을 한눈에 사로잡는
상업공간의

VMD
Visual Merchandising
디자인 마케팅

조윤아 지음

개정판 서문

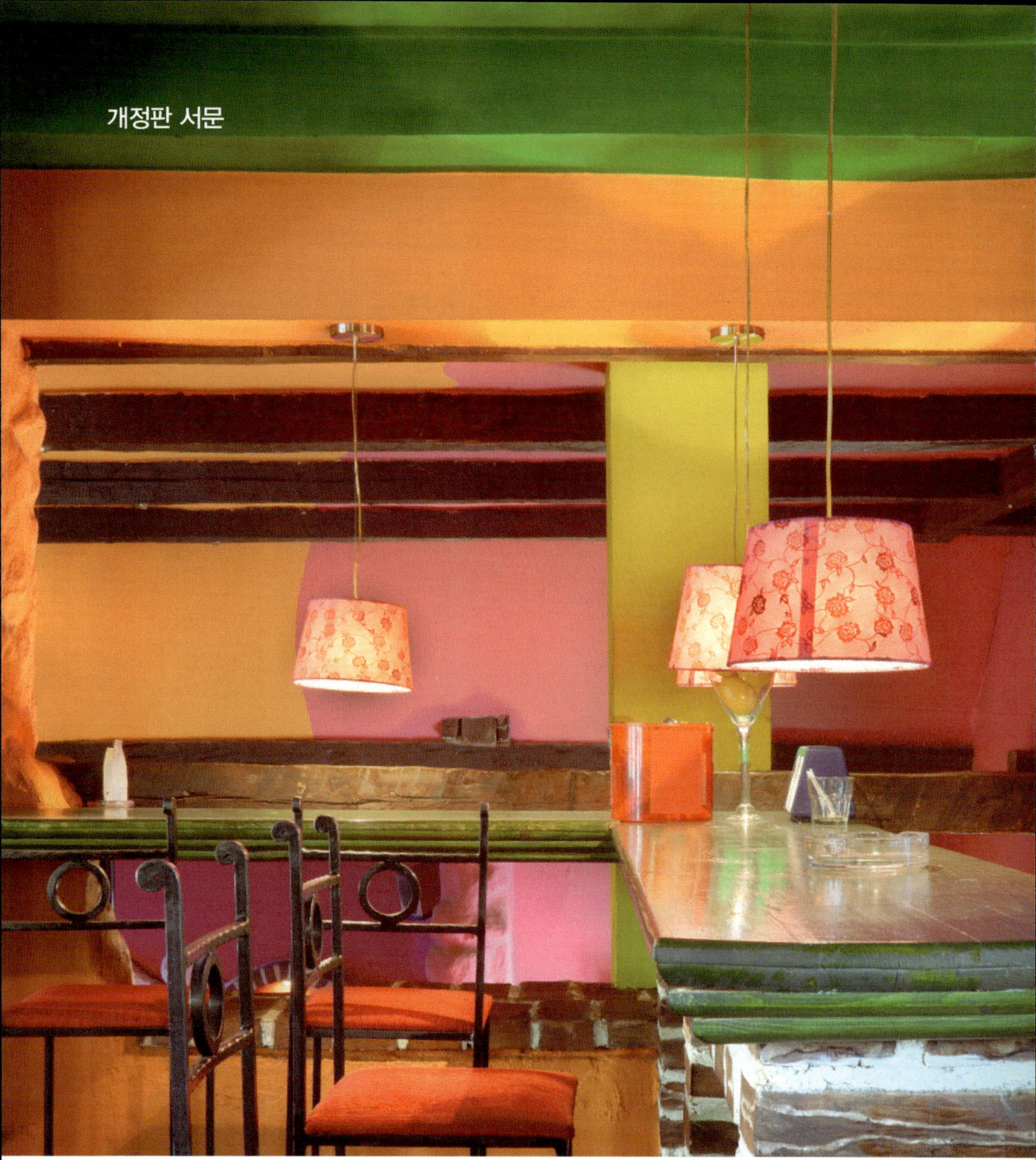

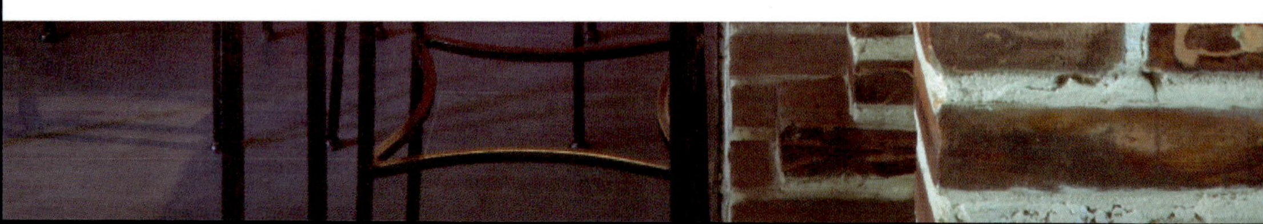

21세기에 들어 한국의 외식시장도
다양하게 바뀌어 가는 추세다.

외식시장의 치열한 경쟁에서 단순히 음식의 맛으로만 승부하던 시대와는 너무나도 다르게 음식 맛보다는 그 외의 것들로부터 평가를 받는 시대다.

쾌적한 공간, 그에 걸맞은 서비스, 편의 시설 등 보다 고객의 입장에서 만족을 줄 수 있는 점포가 되도록 하고 있다.

시각적으로 보이는 여러 요소는 중요한 역할을 하게 되었으며, 특히 외식업소의 시각적인 요소들은 판매촉진에 중대한 역할을 하게 되었다.

그 결과 전략적인 측면에서의 VMD(Visual Merchandising), 즉 시각 매장 연출 기법이 타점과의 차별화와 매장과 상품의 이미지를 재정립하는 데 무엇보다도 절실히 필요한 상황이 되었다.

이에 본 개정판에서는 우리나라 외식업소의 경영환경에 적용될 수 있는 비주얼 머천다이징에 대해 더욱 심화된 내용을 보충함으로써 전략적인 측면에서 외식업소의 VMD(Visual Merchandising)의 중요성을 제시하였다.

또한 보다 이론적 타당성을 확립하고 소비자에게 가장 영향을 미치는 외식업소의 VMD요소가 무엇인가를 실증적으로 분석하여 외식업소의 좀 더 효과적인 시각매장연출전략이 적용될 수 있는 체계화에 도움이 되도록 하였다.

늘 함께 하시는 하나님과 항상 마음속 깊이 감사드리는 부모님께 이 책을 바칩니다.

2012년 초 겨울

조윤아

대량생산과 대량판매로 특징지어지는 오늘날의 유통업계는 더욱 세분화되어 발전하고 있으며 소비자의 구매 행동도 다양화·개성화되어 판매 환경에서도 상품의 보다 효율적인 판매촉진기술이 요구되고 있다.

상품의 판매촉진활동에 있어서 핵심적인 요소는 상품전시, 즉 디스플레이(Display)이다.

그중에서도 쇼윈도 디스플레이는 1980년대 이후 새롭게 정립된 토탈패션의 영향으로 단순한 '보여줌'에서 벗어나 유행경향, 관습 그리고 미적 감각을 표현한 매장의 얼굴로서 고객을 점내로 유도하는 구매시점의 중추적인 역할을 할 뿐만 아니라, 나아가 거리 환경의 이미지를 개선하는 요인이라고 평가되고 있다.

판매경쟁이 치열한 시대에는 매장과 고객(상품을 사러 온 사람이나 보러 온 사람)과의 관계를 '상품과의 대화'로 연결시키려고 시도하는 경향을 볼 수 있다. 디스플레이는 상품과 고객의 관계를 치밀하게 조정한 계획된 정보전달 수단이라고 할 수 있는데, 여기에 뛰어난 디스플레이의 기법으로 판매기술, 즉 **VMD(Visual Merchandising: 시각적 상품연출기법)**라는 방법론이 대두되었다.

지금까지의 디스플레이는 진열하는 사람의 개성에 의한 장식이 중점이 되었지만, 앞으로는 **VMD**를 적용한 시장조사 데이터에 근거하여 디스플레이 방향에 대한 콘셉트(Concept)를 정하고, 중점 상품을 선택하여 라이프 사이클을 예측·조정하는 계획 등으로 판매촉진을 위한 중점 테마를 극적으로 표현하는 요소의 부각이 필요하게 되었다.

라이프 사이클이 극히 짧고, 단기간 내에 많은 물량이 교체되는 상품을 취급하는 매장의 차별화된 디스플레이 방법과 이들을 보다 효율적으로 운용하기 위한 **VMD** 전략에 대하여 실증적 접근을 통해 효과적인 연출안을 제시하였다.

가장 좋은 때에 가장 좋은 방법으로, 가장 좋은 것으로 채워주시는 하나님께 감사드리며, 항상 나의 든든한 후원자이며 버팀목이 되어 주신 부모님, 동생 부부와 나의 사랑하는 조카 수민, 나의 특별한 멘토 은진 선생님, 나의 훌륭한 조력자 김 선생님. 이 책이 나올 수 있도록 도와주시고 조언해 주신 모든 분께 감사의 말을 전한다.

2008년

조윤아

목차

고객을 한눈에 사로잡는 상업공간의
VMD 디자인 마케팅

고객을 한눈에 사로잡는 상업공간의 VMD 디자인 마케팅 :: 개정판

PART 1

::

VMD
(Visual Merchandising)

1. VMD의 개념 ::

:: 현재 주된 매장 대부분이 **VMD**라는 시각효과에 소구하는 매장기술이 점두판매정책의 가장 중요한 점으로 제시되고 있다. 1950~60년대 물질부족기인 결핍시대에는 공급이 부족하고 수요가 많아 디스플레이에 무관심했고, 1970년대인 균형시대에 들어와서 수요와 공급이 비례하면서부터 디스플레이에 의한 경쟁시대가 되었으며, 1980년대부터 현재는 포식시대적 환경으로 공급은 많고 수요는 적어 선별선택판매라는 시대성의 변화에 따라 점두전장시대(店頭戰場時代)가 오게 되었다. 아울러 소비자의 의식변화도 자기 자신의 가치를 기본으로 한 개성적 판단에 의한 결정으로 전환되어 자기 이미지에 부합된 점포와 좋아하는 점포를 선별하여 구매하는 경향으로 바뀌었다. 그래서 점포로서도 소비심리와 감성을 자극하고 상호 공감된 이미지를 창출하여 새롭고 유익한 생활정보를 제안하여 대응하지 않으면 점두전장(店頭戰場)에서 승자로 설 수 없게 되었다.[01]

동업인(同業人) 각 점포 모두 리뉴얼(Renewal)을 실시해서 차별화를 시도하려는 것도 이 때문이다. 이러한 수단 방법을 **VMD**라고 한다.

VMD란 V(전달기술)와 MD(상품계획)를 조합한 말로 이것이 유기적 관련을

01 경영과 마케팅. 이동훈. 「시각적 효과에 소구한 점포 연출」. p.57.
02 상품건축. ウイシコアルマニテャソタイシソクょ(VMD)の理論とテサイソち 手法 探る. 1982. p.221.

가지면서 새로운 커뮤니케이션을 추구하는 시스템을 말한다.[02] 즉, "상품계획을 어떻게 연출해 나가는가?"의 방법이며, 고객에게 상품연출을 시각적으로 알기 쉽게 표현하여 구매의욕을 높이는 것[03]으로서 시각적 상품연출기법이라고 말할 수 있다. 그것은 점포의 콘셉트에 기초하여 상품계획을 책정하고 점포환경(내외장 디스플레이 등), 판촉(선전, 광고 등), 접객, 서비스 등 점포 만들기의 모든 기술을 적극적으로 연결시켜 이것으로 통일된 이미지를 내세워 고객에게 인식시킴과 동시에, 공감을 얻고 평가를 얻기 위한 총합적인 판매전략이며 CI(Corporate Identity)의 표현전략이다.[04] 즉, VMD란, "누구를 위해, 언제, 어떤 것을, 어떻게 진열하여, 그것을 시각을 통해 어떻게 팔 것인가?"라고 하는 것을 명확하게 매뉴얼(Manual)화하여 점포 전체에 통일된 이미지로 효과적으로 표현해 가는 것이다.[05]

VMD는 매장연출에 있어서 고객의 시각에 호소하여 고객으로 하여금 상품을 선정하는 데 편리하게 하여 효과적으로 상품을 구매할 수 있도록 매장을 꾸미는 것으로서, 미국에서는 이미 약 20여 년 전에 시행되었고 일본에서는 약 8년 전에 도입, 시행되었으며 우리나라에서는 신세계백화점 영등포점(1984. 9. 개장)에서

03 현대백화점, OP. cit., p.8.
04 「CI계획: 기업이미지를 향상시키고 통일시켜 보다 효율적으로 경쟁 타사 간의 차별화를 꾀하는 것 – 경영과 마케팅」, 1987. 11, p.85; 장순석, 「CI개념으로 접근한 판매현장의 연구」, 중대석논, 1984, pp.11~16.
05 三越백화점, 新しゼ賣場作りの考え方(매장환경, VMD), p.186.

처음으로 시행되었다.

VMD 기법은 종래의 매장구성이 코너 위주의 구성이었던 데 비해 매장 전체를 현대적으로 느끼게 하면서 주요 부위를 선택적으로 돋보이게 하기 위해 쇼 케이스(Show Case)나 칸막이, 조명 등을 조정하여 계획적으로 전개하는 것으로 종래에는 주로 계절 감각이나 행사에만 맞추어 연출하던 것을 VMD에서는 소비자들의 월별 생활양식을 설정하여 이를 매장의 분위기와 결부해서 연출함으로써 점포의 주장을 밝히고 리드해 가는 것을 표현목적에 포함시키고 있다.[06]

VMD를 간략하게 도식화해 보면 <표 1-1>과 같다.

표1▷ ▶ 모든 상품을 고객이 알기 쉽게 분류, 연출

merchandise(MD)	merchandise presentation(MP)
(상품기획)	(전시, 연출)

visual merchandising(VMD)

06 광고정보, Op. cit., pp.22~26.

:: 급속한 경제, 사회 문화의 발전은 사회구조의 변화를 가져오고 소비자의 의식과 행동에 의하여 점포에 대한 새로운 요청으로 점포의 구조에 변화를 가져왔다. 발전된 사회에 있어서 소비자는 단순히 상품을 공급받는 소비자가 아닌 생활자로서 그 욕구가 개성화, 다양화되고 있다. '생활자'는 종래 소비자의 개념이 아닌 '가치를 중시'하는 새로운 고객 개념으로 상품 구매 시 상품과 함께 서비스와 정보 등 모든 것을 포함한 이미지를 구매하는 것이다. 상업시설은 상품의 판매와 더불어서 휴식, 회합, 이벤트 등 다양한 욕구를 충족시키는 공간으로 요구되고 있다. 그러므로 시설의 공간 이미지에 대한 통일성 및 조화성을 찾아내어 이용자에게 통일된 메시지를 전달할 필요성이 있다.

입점시설들의 개별적인 디자인과 콘셉트를 강조하다 보면 매장의 이미지를 혼란스럽게 할 것이며 이는 매장 전체의 환경 이미지 차별화에 실패하게 된다. 그러므로 일관성 있는 VMD 전략의 필요성이 절실하게 요구되며, VMD에 의한 환경 이미지 계획은 하나의 통일된 콘셉트로 계획되어야 한다.[07]

상업시설은 쾌적한 환경조성으로 궁극적으로는 구매와 시설이용 등의 소비를 유도하기 위해 계획되는 장소이며, 그 장소가 가지고 있는 목적성에 의하여 공간

---

[07] 김소연, 「복합상업시설 내부에서의 공간구조분석과 길 찾기에 관한 연구」, 연세대학교, 2003.

이 오픈되어 있는 속성이 있다. 오픈되어 있는 상업시설의 이미지는 공간디자인에 의해 표현된다. 또 **VMD**는 시간과 공간이 상충하는 시점에서 발생하는 추상적 형태이며, 전달의 목적을 효율적 방법으로 성취하기 위해 취해지는 구체적인 표현수단으로 3차원의 공간을 형성하는 시각적 조형화의 체계라고 할 수 있다. 조형언어로서의 디자인은 비언어적 커뮤니케이션으로 주로 시각을 통한 지각과정에 의해서 디자인이 전달하고자 하는 여러 가지 정보가 자극의 형태로 해석, 처리되어 사용자의 적절한 반응을 유도하게 된다.[08]

　VMD는 상업공간의 기본 콘셉트에 따라 궁극적으로 이용자의 구매동기를 자극하여 판매촉진을 목적으로 이미지와 상품의 정보를 시각적으로 표현하는 방법이므로 상업시설의 환경 이미지와 이용자 간의 공유 영역을 형성하는 도구라고 볼 수 있다.[09]

[08] 이현진, 「VMD 프로세스를 적용한 쇼핑몰 실내디자인에 관한 연구」, 홍익대학교, 1998, 재인용.
[09] 권혜술, 「복합 상업시설의 VMD 요소 정립에 관한 연구」, 중앙대학교, 박사학위 논문, 2005.

3. VMD의 구성요소와 기능분류 ::

:: 효과적인 VMD 계획을 위해서는[10] 다음과 같은 요소가 필요하다.

첫째, 점포에 대한 방침과 목표를 이해해야 한다. 아무리 좋은 전략이 있어도 회사가 추구하는 영업정책과 맞지 않는다면 오히려 낭비가 될 수 있다.

둘째, 상품을 아는 것이 가장 중요한 무기이다. 상품의 콘셉트는 곧 VMD 전개를 위한 콘셉트이다. 또한 상품이 갖는 특성을 표현하는 것이 바로 핵심이다.

셋째, 판매에 대한 방법, 환경, 유통과정에 대한 이해가 필요하며 자사는 물론 경쟁사의 판매환경도 평가할 수 있어야 한다.

넷째, 고객에 대한 제반 데이터 및 고객의 패턴, 습관 등을 이해한다.

다섯째, 경쟁 점에 대한 조사 분석을 토대로 개선방안을 마련한다.

종류별	사용목적	유의사항
포스터	– 행사고지 – 신상품 선전	– 부착위치를 정하고 그에 맞는 수량만을 부착 – 부착기간 지키기 – 훼손을 고려하여 여분을 준비
현수막	– 행사고지 – 신상품 선전 – 홍보효과	– 부착위치에 맞는 규격을 설정 – 점내용과 점외용을 구분하여 디자인 – 바람에 대비
가격표	– 상품정보 제공 – 셀프판매 유도	– 상품명/가격/소재/관리 – 부착위치를 통일 – 상품에 부착 시 상품이 상하지 않도록 주위
브렌드 사인	– 브랜드 위치고지 – 코너사인 역할	– 규격은 상품을 기준으로 조절 – 상품의 기능, 관리 방법 등을 조리 있게 설명
성공설명 POP	– 상품정보 제공 – 셀프판매 유도	– 규격은 상품을 기준으로 조절 – 상품의 기능, 관리방법 등을 조리 있게 설명
POP	– 수시로 발생하는 공지사항	– 반드시 정해진 자사용지를 사용 – 전체적 매장 이미지에 손상이 가지 않도록 주의

www.diningstory.co
(주)이야기있는외식공간
" 저희는 고객의 행복한 시간을 위해 최선을 다하겠습니다. "

MARISCO
마리스꼬
Sushi & Seafood Buffet Restaurant
가장 넓은 바다는 마리스꼬에 있었다.
강남, 강북의 최대 규모 500평에 선보이는
새로운 차원의 스시 & 씨푸드 뷔페 레스토랑입니다.
특급호텔 분위기에서 최상의 서비스로 모시겠습니다.
대학로점
사당점

사원에 보리밥
오리와 참게
행복한 식사를 즐길 수 있는 외식문화공간
전통미와 현대미가 어우러진 모던한 인테리어와 재즈음악.
보리밥과 된장찌개가 전하는 우리의 맛과 인심
'사원에 보리밥' 에서 경험하실 수 있습니다.

로점 02.3675.9990 4호선 혜화역 1번 출구 (뉴시티빌딩 지하 1층)
점 02.3411.9990 2호선 / 4호선 사당역 12번 출구 (파스텔시티 5층)
압구정점 02.540.5292 강남점 02.596.5292 대치점 02.557.5223

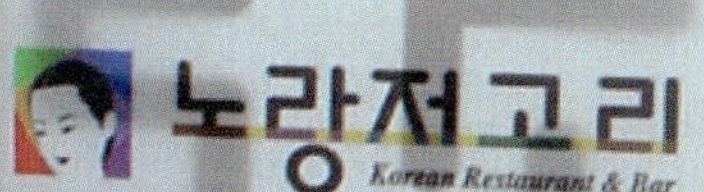

노랑저고리
Korean Restaurant & Bar
오감의 행복이 담긴 소박한 한정식집
새댁의 정성으로 차리는 정갈한 음식, 복잡한 도심속에 숨은
전통 한옥의 아름다운 분위기 '노랑저고리'에는
우리 전통의 맛과 멋이 소박하게 담겨 있습니다.

알 콩 달 콩 오씨네
건강과 맛, 행복까지 즐기는 일석삼조의 식당
콩죽과 도토리전, 매일 직접 만드는 메밀묵과 도토리묵,
시원한 콩국수와 맛깔스런 칼국수,
그리고 밥을 곁들인 콩탕과 감자떡 까지...
8가지 모두 맛보는 1인 8,500원꼴 코스음식 입니다.

강남점 02.534.5300
양재점(교육문화회관 옆) 02.532.1999

오리와 참게
후회없이 선택하는 맛의 전당
유황오리진흙구이와 참게의 만남
고객의 마음까지 생각하는 편안한 분위기 '오리와 참게' 는
고객 여러분들이 최고로 꼽은 맛의 전당입니다.

고등어 블루스
사랑과 정성이 담긴 행복한 맛집
어머니가 차려 주신 맛있는 밥상이 그리운 날엔
최고의 고등어요리를 맛볼 수 있는 고등어블루스로 오세요.

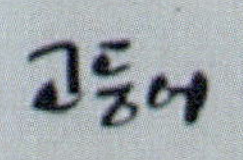

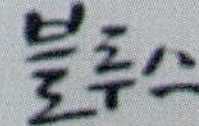

(주)이야기있는외식공간 포스터

노랑저고리는 새댁의 정성으로 상을 차립니다

노랑저고리 현수막 ◀▽

△ ▶ 아름지 현수막

KOREAN FOOD RESTAURANT
[갈비요리 명품家] 아름지
우리 가족이 먹기에 따뜻한 마음과 정성을 담아 엄마손맛을 그리며 계절 나물과
숙성음식으로 아름지에서 고객님께 행복한 맛을 드리고저 최선을 다하겠습니다
아름지 가족일동
계장정식

▽ ▶ 웃기는 짬뽕 & 짜장 와이드컬러

△ ▶ 청담한정식 상품설명 POP

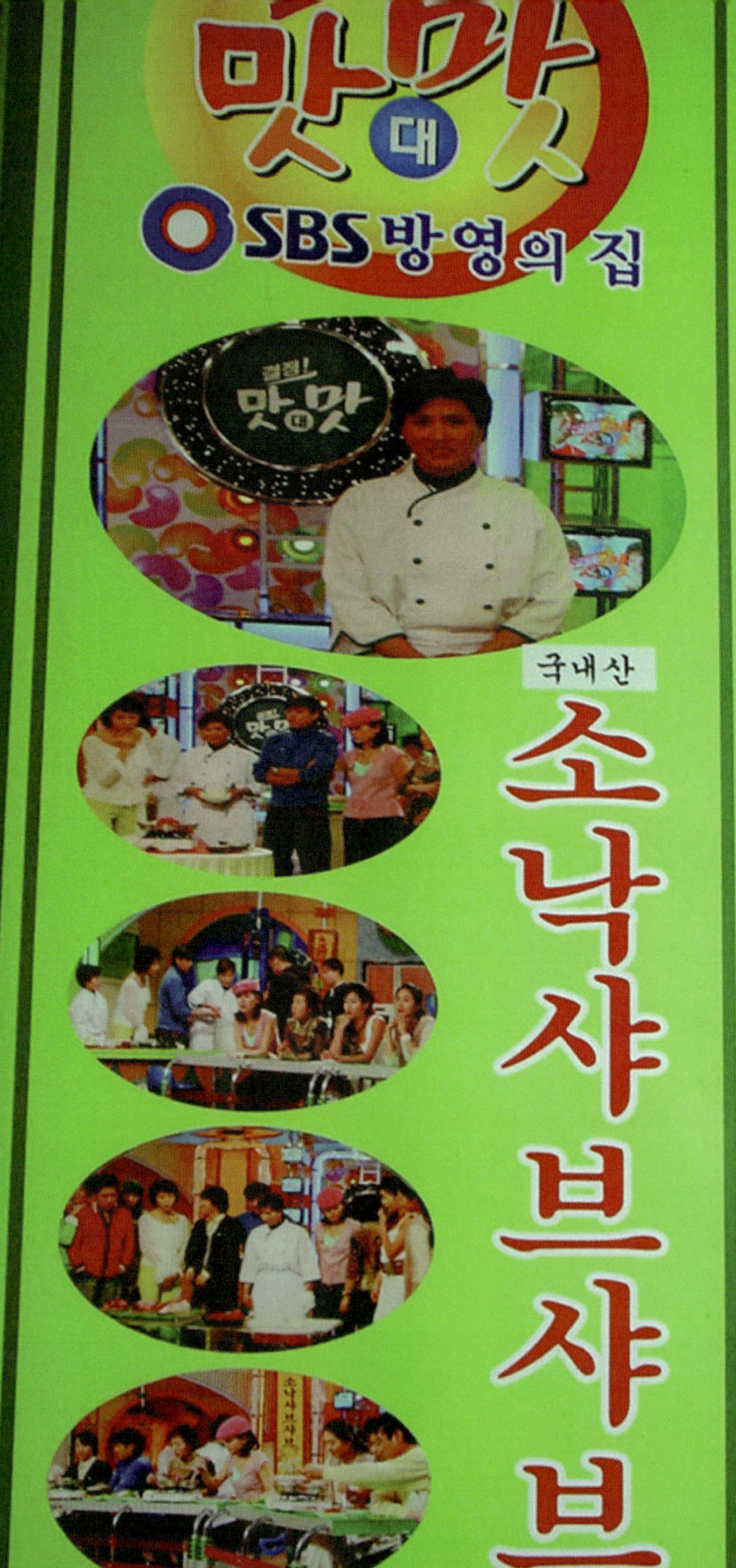
맛 대 맛
SBS 방영의 집
펄펄! 맛 대 맛
국내산
소
낙
샤
브
샤
브
무인승달가든 가게홍보 POP

▷ ▶ 금수복국 간판

노랑저고리 간판 ◀▽

△ ▶ 절구미집 간판

▽ ▶ 포차 하루 간판

행복분식 간판 ◀ △

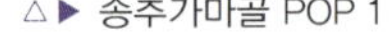

다부 정통일식 간판 ◀▽

△ ▶ 송추가마골 POP 1

▽ ▶ 송추가마골 POP 2

송추가마골 POP 3 ◀ △

▽ ▶ 갯벌의진주 주차사인   노랑저고리 벽장식 ◀▽

△ ▶ 광주 월드덕 벽면 메뉴판

웰빙음식 좋은식단

오리
나주 금천 (주)화인코리아(나원주)
공기냉각시킨 100% 우리나라오리

전복
완도 노화 삼마리(김효종)-청정해역 전복

소고기
순천 외서 월암리(박판호)-100%한우생고기

굴비
한국선적 동창호가 영광근해에서 조업
해변굴비(황문철)-가공한 선동굴비

매생이
장흥 대덕 내저리(김종춘)-청정해역 매생이

백초 · 솔순 (천연엑기스)
구례군 토지 지리산 피아골(손영호) –100여가지 산야초와
토종꿀 7년이상 숙성
4~5월에 솔순을 채취 토종꿀 3년이상 숙성–월드덕 가공

모든요리
월드덕이 개발한 천연항암육수와 발효효소 엑기스를 사용한
웰빙 건강음식

하늘 · 땅 · 바다 발효/효소 음식 전문점
Sky & Land & Sea Fermentation Restaurant

이바돔감자탕 유명인 벽면 사인 ◀▽

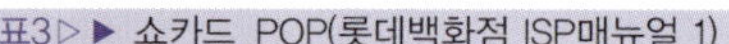

종류

5070 품목할인 : 3 item

Price Sharing / Premium특보 : 2 item
공동기획 상품
Premium 상품

Season Off : 9 item
스티커
SEASON OFF
113*18mm
아트지150g/단면1도/도무송
season off
스티커 부착

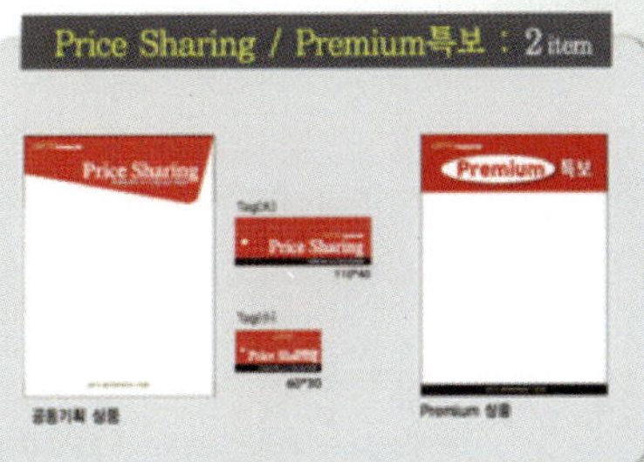

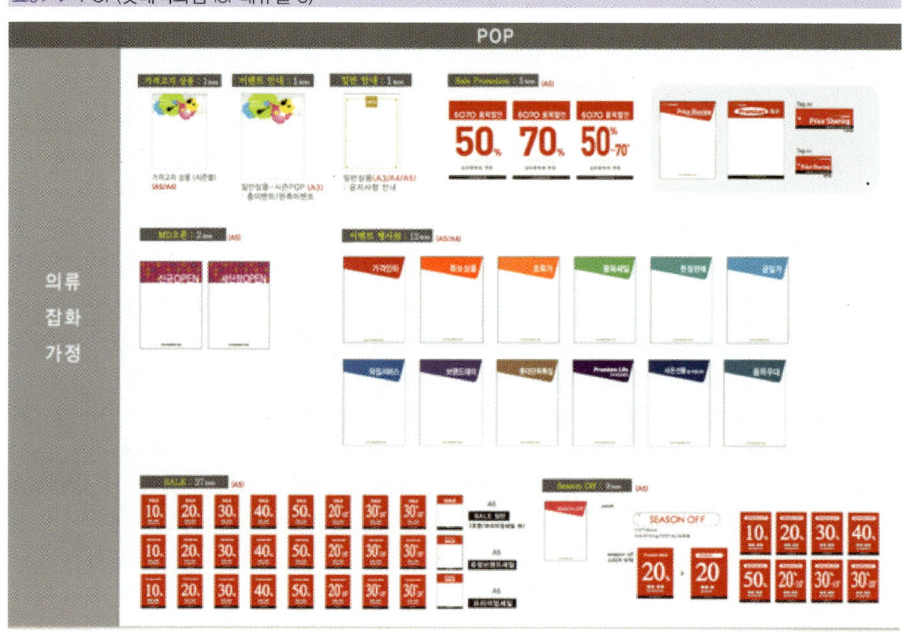

매장의 프레젠테이션을 효과적으로 행하기 위하여 VP, PP, IP 세 가지로 구분하는데, 다음과 같이 정의한다.[11]

매장의 콘셉트, 패션테마의 종합적인 장으로 쇼윈도나 각층의 스테이지 VP Zone이 이에 해당한다. VP에는 테마 컬러(Theme Color)를 사용한 코디네이트(Coordinate) 삼각구성(Triangle), 드라마(Drama)성이 포인트가 된다.

味&美
맛과 미로 사랑 합겠습니다
사월에 보리밥,
보 리 밥   7,000
버섯들깨수제비   7,000
고등어구이정식   8,000
고등어보쌈정식   8,000
영린비빔밥   8,000
감 자 전   6,000
김치해물전   6,000
도 토 리 묵   7,000
바싹불고기   16,000
더덕채육볶음   17,000
낙 지 볶 음   17,000
돔 배 고 기   23,000
실   합   23,000
훈제오리바베큐   23,000

▽ ▶ 사월에 보리밥 VP

34

예당 VP ◀▽

△▼ 오므라이스 VP

35

FOOD COURT

▽
▼
롯데백화점 푸드코트 VP

Japanese Restaurant
모든 메뉴
포장됩니다
미소야 VP

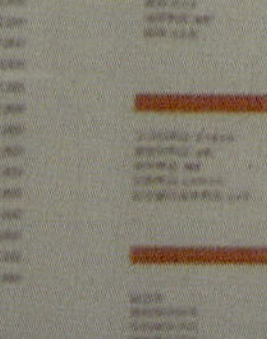
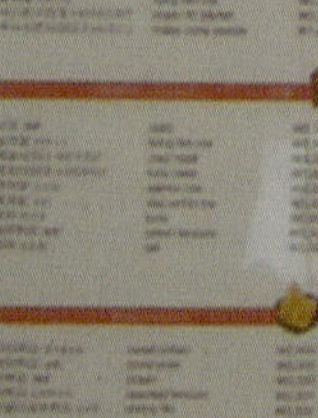
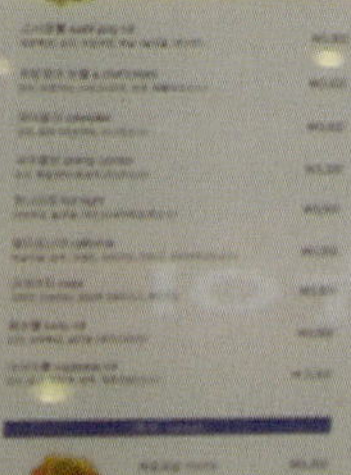
SUSHI 長

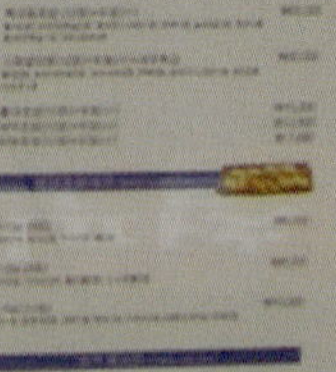
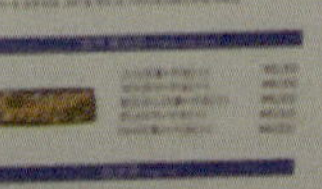

SUSHI JANG
초밥/롤세트 포장됩니다
Tel.365-3080
스시장

중산 VP ◀▽

(2) PP(Point of Sale Presentation)

집기와 벽면의 오픈 스톡(Open Stock)에 개개의 상품 특성과 그루핑(Grouping)
된 상품 종류 및 코너숍의 성격을 나타내 주는 상품의 점두표현이다.

모티브 등을 사용해서 테이블과 집기의 탑(Top), 벽면의 최상단의 선반 등에 연
출되며, 테마 컬러를 사용한 컬러 코디네이트, 삼각구성을 기본으로, 심플하고 깨
끗한 표현이 포인트가 된다.

39

송추가마골 벽면 PP ◀▽

△ ▶ 한국본갈비 벽면 PP

(3) IP(Item Presentation)

매장에 있어서의 모든 오픈 스톡(Open Stock)[12] 상품의 제시로 얼마나 사기 쉽고, 정리 정돈되어 있는가가 포인트가 된다. 상품의 상호관계(Relation)와 그루핑(Grouping)의 적정한 서식하에 개개의 집기와 벽면의 스판(Span)별로 컬러 배열, 사이즈 분류, Face Out[13]의 활용이 포인트가 된다. 프레젠테이션의 기본이 되는 장으로 점내 판매원이 유지, 관리해야 할 부분이다.

VP, PP, IP의 제시를 총괄해서 머천다이즈 프레젠테이션(Merchandise Presentation)이라고 한다.

---

12 매장 안에서 상품을 진열할 수 있는 모든 집기.
13 상품의 특징이 되며 얼굴이 될 수 있는 부분을 보는 사람을 향해 진열하는 상태. 재킷으로 말하면 앞쪽을 보이는 것.

▽ ▶ 노랑저고리 IP(쇼케이스)

42

청담한정식 IP(쇼케이스) ◀▽

△▼ 송추가마골 IP(쇼케이스)

43

▽▼ 스시장 ∨P

▽ ▶ 롯데백화점 정육코너 쇼케이스 IP

롯데백화점 푸드코트 IP(쇼케이스) ◀ △

△ ▶ 스시집 쇼케이스_디테일

▽▼ 스시집 쇼케이스

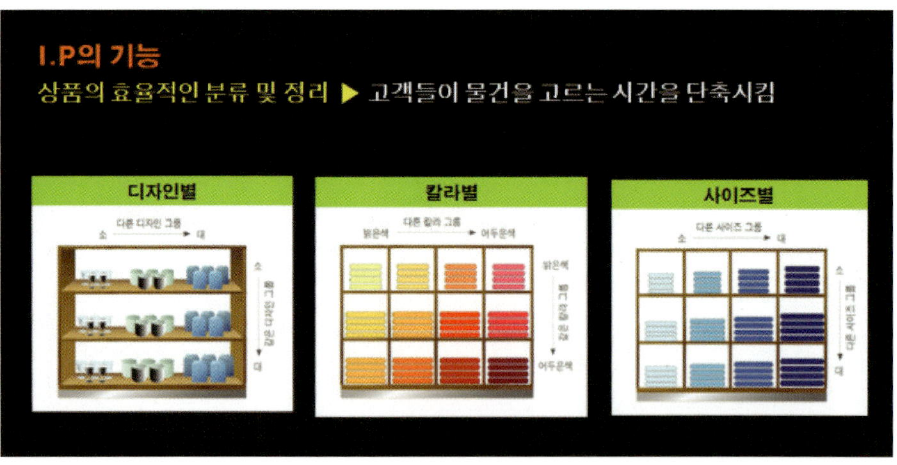

스시집 쇼케이스_디테일 ◀▽

〈그림 1-1〉 IP의 기능

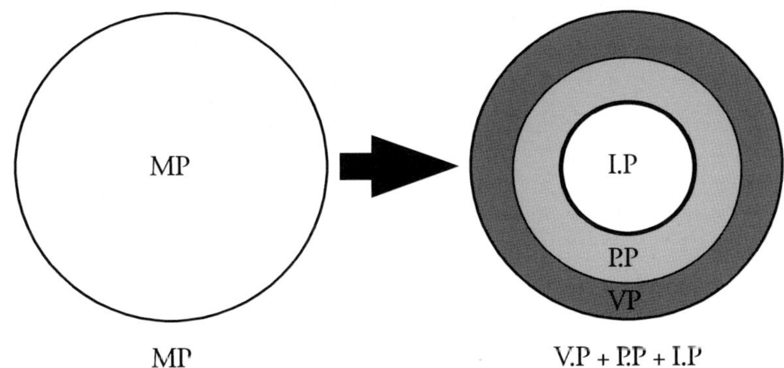

〈그림 1-2〉 Merchandise Presentation

이와 같은 프레젠테이션 시스템에 있어서 각층의 센터 스테이지에서 메인 스테이지 그리고 윈도 디스플레이로 가면서 점차 감성적 표현이 강해지고 반대로 각 코너 스테이지에서 각 코너 디스플레이 포인트를 거쳐 러닝 스톡(Running Stock)에 이르기까지는 점차 기능에 역점을 두면서 전개된다.

VMD의 구분설명은 아래와 같다(<표 1-6>).

구분	역할	포인트	위치	담당
VP (Visual Presentation)	매장 이미지 콘셉트	테마컬러의 코디네이트 삼각구성 드라마성	쇼윈도 토털 스테이지 각종 스테이지 등의 VP 부분	VP 전담부서 (디스플레이 전담 부서원)
PP (Point of sale Presentation)	Grouping 된 상품의 점두 표현	테마컬러의 코디네이트 삼각구성 상품하고 깨끗한 표현	고객의 시선이 처음 닿는 곳에 디스플레이 벽면 상단 및 집기류 상단	VP 전문부서 각 매장의 판매사원
IP (Item Presentation)	개개의 상품을 분류 · 정리하여 진열. Color, Design 등 보기 쉽고, 사기 쉽게 표현	컬러 배열 사이즈 분류 Face Out 활용	매장 내 벽면 하단 및 집기류에 상품의 분류정리	판매 담당 전원 VP 전문 부서

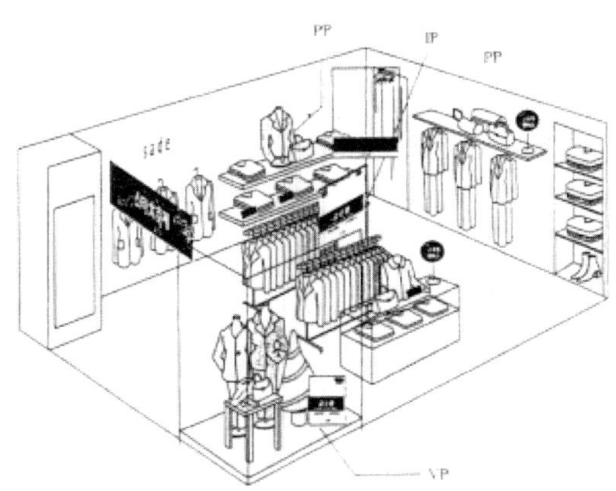

〈그림 1-3〉 매장의 VMD 실시 예

MP(Merchandise Presentation)		
VP (Visual Presentation)	PP (Point fo Sales Presentation)	IP (Item Presentation)
* 매장의 얼굴 대상 고객에게 라이프스타일 제안을 하고, 계절 테마에 따른 매장의 메시지를 시각적으로 어필하는 MD 전개의 장. 쇼윈도, 메인 스테이지 등.	* 매장 내부 코너의 얼굴 상품정보를 시각적으로 연출하여 매력적인 코디네이트로 관련판매를 촉진시키는 장. 테이블 집기, 기둥, 선반, 벽면 등.	* 팔고 싶은 상품의 전개 PP에서 전개된 관련 상품을 알기 쉽고, 사기 쉽게 분류, 정리하여 수량, 사이즈, 컬러 등의 상황을 표현하는 장. 선반, 행어 래크, 쇼 케이스 등.

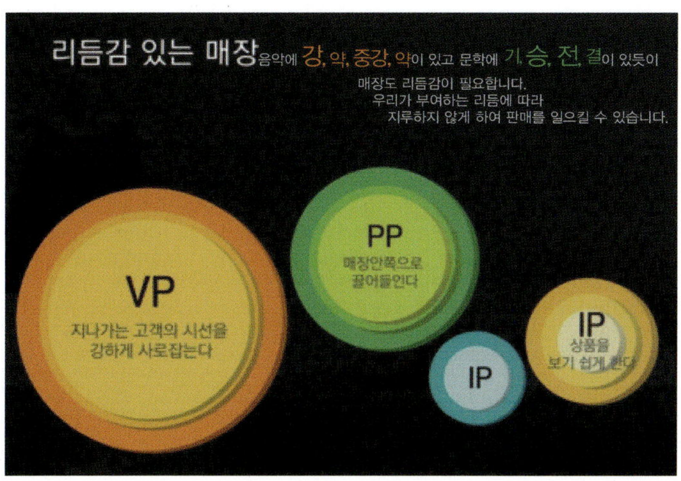

〈그림 1-4〉 리듬감 있는 매장

월별	시 즌	색 채	의 미	동 물	식 물	무생물
1	신년 (NEW YEAR)	적색, 은색, 백색, 녹색	희망, 감사, 온정, 애정	오리, 까치, 백조, 학	매화, 난, 수선화	팽이치기, 윷놀이, 연날리기, 복조리, 스키, 스케이트, 썰매
2		핑크색, 백색	축하, 감사, 기원, 첫사랑	은어, 빙어, 휘파람새	버들강아지, 데이지, 백합, 제비꽃	달, 널뛰기, 부럼, 고향, 가족
3	봄 (BIRTH)	노란색, 연두색, 백색, 진달래색	축하, 시작, 새싹, 총명, 생명	너비, 개구리, 병아리, 꿩, 토끼, 조개	복숭아꽃, 튤립, 모란, 아네모네, 팬지, 냉이, 페추니아, 민들레, 제비꽃	봄비, 아지랑이, 서리, 신입생
4		녹색, 핑크색, 노란색, 연두색	부활, 달콤, 설렘, 아쉬움, 순결	제비, 뻐꾸기, 너비, 꽃사슴, 까치	벚꽃, 산수유, 아카시아, 안개꽃, 철쭉, 진달래, 마거릿, 라일락, 딸기사마꽃, 데이지	결혼, 축제, 미팅, 가면무도회, 천진난만, 야유회
5	초여름 (BEAUTY)	녹색, 청색, 백색, 적색	신선함, 사랑, 협동, 성숙, 행복, 감사	송어, 휘파람새, 할미새, 코끼리	카네이션, 모란, 연꽃, 보리수, 목련, 난초, 장미, 보리, 백합	비, 바람개비, 풍선, 놀이터, 어린이, 모내기, 불꽃놀이, 술래잡기
6		자색, 녹색, 청색, 백색, 옅은 청색	야유회, 순결, 건강	비둘기, 뻐꾸기, 무당벌레, 반딧불	백합, 수국, 포도, 치자나무, 튤립	소나무, 무지개, 징검다리, 회전목마, 전답, 돌
7	여름 (ACTIVE)	청색, 오렌지 백색, 녹색	젊음, 열정, 휴가, 레저, <u>스포츠</u>	잠자리, 매미, 숭어, 풍뎅이, 비단벌레, 물개, 소라, 펠리칸, 뱀, 장어	해바라기, 칸나, 수박, 참외, 봉숭아, 분꽃, 채송화, 청포도, 수련	바다, 장마, 백사장 얼음, 야자수, 바캉스, 뱃고동, 태풍
8		백색, 청색, 오렌지, 노란색, 군청색	정열, 자유, 수영, 힘, 더위, 휴식	고추잠자리, 돌고래, 매미, 미꾸라지, 게, 올빼미, 백상아리	사립문, 도라지 억새, 미루나무, 플라타너스, 버드나무, 달리아, 글라디올러스	태양, 장마, 파라솔, 물보라, 윈드서핑, 폭포, 스킨스쿠버, 요트, 과수원
9	가을 (HARVEST)	노란색, 베이지색, 자색, 오렌지색, 갈색	독서, 천고마비, 수확, 추억, 결실, 쓸쓸함	귀뚜라미, 고추잠자리, 베짱이, 다람쥐, 토끼, 개미	맨드라미, 등나무, 박, 샐비어, 과꽃, 벼	산, 구름, 파란 하늘, 싸리문, 울타리, 피크닉, 미각, 장독대
10		노란색, 밤색, 오렌지, 갈색, 적색	풍요로움, 결실, 희망, 느긋함	메추라기, 고추잠자리, 귀뚜라미	밤나무, 코스모스, 감나무	단풍, 낙엽, 가을비, 달빛, 만추, 만선, 오케스트라, 고요함
11	겨울 (GIFT)	갈색, 베이지 연한회색	이별, 완숙미 우정, 쓸쓸함	꿩, 방울새, 찌르레기	단풍나무, 은행, 국화, 장미	통나무, 페치카, 바이올린, 커피, 메아리
12		청록색, 녹색, 적색, 은색, 백색, 검은색	추억, 환상, 환희, 석별, 성공, 마무리	백조, 펭귄, 백곰, 기러기, 사슴, 물떼새	소나무, 매화, 포인세티아, 탱자	눈사람, 산타클로스, 눈썰매, 선물, 함박눈, 성탄 케이크, 트리, 촛불, 카드, 스키, 스케이트, 고드름, 설원

표9▷▶ 시각적 상품화계획

누구에게	무엇을	언제	어디에서	어떻게	무엇으로
요구대상	상품	프로모션	장소	표현구성	용구
타깃	SOFT GOODS HARD GOODS	상품의 도입기 캐릭터 명시	쇼윈도 스테이지 테이블 선반	동적구성 대칭 정적구성 비대칭 대비	마네킹 토르소 보디 패널
	상품의 속성			상품의 속성	
	상품실매기－디자인과 색채의 변화를 명시 상품처분기－가격명시			패션소개 (색채, 소재, 실루엣) 라이프스타일 소개 (용모, 기능, 가격) 라이프 스테이지 소개 점포 이미지 소개 (상품에서 벗어난 구성) 일상적(상품을 위주로 한 현실성) 비일상적(상품과 관련이 적은 상징적 판타지) 가벼운 감각 캐주얼한 감각 정장의 감각 전통의 감각 우아 예쁜 것 여성적 미국적인 테크닉 스위스 테크닉 독일 테크닉 프랑스 테크닉 이태리 테크닉 일본 테크닉 기타	마네킹 액션 돌 렉 스탠드 핀업보드 테이블 소도구

4. 마케팅의 정의 ::

(1) 마케팅의 개념적 정립

마케팅 차별화는 마케팅전략 중 가장 중요한 이론이라고 할 수 있다. 오늘날의 시대를 기업마케팅 전쟁시대라고 봐도 무방하다. 자동차 세일즈, 여행사의 관광상품, 아파트 분양, 아이들이 즐겨 찾는 프랜차이즈인 맥도날드까지 끊임없이 자사의 제품에 대해 마케팅기법을 연구하고 소비자들은 늘 이런 마케팅을 직·간접적으로 받아들이고 있는 것이다. 매일 아침 출근길에 오른 지하철 안에서 광고를 봤다면 우리는 기업의 마케팅 활동에 노출되어 하루를 시작한 것으로 간주된다.

그렇다면 이렇게 흔히 통용되는 마케팅 차별화에 대해서 개념적으로 정확하게 설명할 수 있는가? 사실 위에서 언급한 예는 마케팅 차별화의 일부분인 영업과 광고 분이라고 할 수 있다. 우린 이것을 좀 더 자세히 알아 둘 필요가 있다.

사람들은 일반적으로 이러한 광고만이 마케팅[14]의 전부로 알고 있지만 마케팅의 개념은 이보다 훨씬 상위에 속한다. 마케팅활동은 환경분석, 수요예측, 시장의 소비자 분석 등등의 선행적 마케팅 활동도 포함하는 광범위한 활동이다. 즉, 우리가 혼동하기 쉬운 광고나 홍보 등은 마케팅에 포함되는 대표적인 수단 중의 하나일 뿐이다.

---

[14] 잭 트라우트, 『빅 브랜드 성공의 조건』, 오늘의 책, 2002.

또한 기업들은 소비자에게 차량을 판매한 후에는 소비자들이 불만이나 불평이 없도록 워런티나 애프터서비스에 만족을 느끼도록 노력하며, 다음 구매까지도 영향을 미치게 수행하는 것이 마케팅의 전반적인 흐름이라 보면 된다.

다시 말해 모든 기업은 제품을 판매함으로써 그 잉여의 목적을 달성할 수 있는데, 그러한 판매를 실현하기 위해서는 판매 대상인 소비자들에게 자신의 제품을 구매하고 싶도록 해야 한다. 이는 자사의 제품을 매력적으로 부각함으로써 가능해진다.

마케팅 차별화는 바로 자신이 판매하고자 하는 것을 상대방에게 잘 어필하여 수용하게끔 하는 행위 또는 노력이라고 할 수 있으며 긴 시간이 필요하다. 어떤 기업의 특정 상품의 시장점유율이 높다는 것은 그 상품의 기능은 물론이거니와 그것에 대한 마케팅이 잘된 결과라 할 수 있다.

커틀러는 마케팅이란 개인이나 집단이 타인에게 가치가 있는 제품을 창출, 제공, 교환함으로써 그들이 필요로 하고 원하는 것을 얻고 획득할 수 있게 하여 주는 사회적 및 경영 관리적 과정이라고 주장하였고, 미국 마케팅학회의 보고에 의하면 마케팅은 개인과 조직의 만족을 위한 교환이 성사되도록 하는 아이디어 및 제화, 가격, 촉진, 유통을 수행하는 과정이라고 1985년에 그 새로운 정의를 발표하였다.

(2) 커틀러의 마케팅 정의

대표적 마케팅 학자인 커틀러는 마케팅은 쌍방의 만족을 위한 교환임을 주장하면서 교환을 통해 소비자, 생산자가 동시에 최대의 욕구를 충족하려는 활동이라고 주장하였다.

소비자나 생산자가 이러한 물물이나 서비스의 교환을 발생시키기 위해서는 네 가지 조건이 필요한데 그것은 아래와 같다.

첫째, 판매자와 구매자가 존재해야 한다.

둘째, 각 판매자와 구매자는 서로에게 득이 될 만한 가치를 가지고 있어야 한다. 이 말은 판매자인 기업들은 소비자가 만족할 만한 상품이나 서비스가 있어야 하며, 구매자는 그로서의 대가인 화폐가 있어야 된다는 것이다. 흔히 가치의 자발적 교환이라 정의한다.

셋째, 상품을 알릴 수 있는 시장과 소유권의 이전 및 그것을 사용할 수 있다는 권한이 법적으로 보호받아야 한다.

넷째, 서로의 교환에 대한 것을 선택할 수도 거부할 수도 있는 자유가 보장되어야 한다.

위 네 가지 조건을 전제로 상품이나 서비스의 교환이 이뤄진다면 이는 교환 전보다 교환 후에 만족을 느끼게 되는 것이다. 이것이 바로 마케팅이 가치를 생산해내는 과정이다. 커틀러는 이러한 마케팅 교환의 대상을 단지 재화나 서비스에만 한정시키지 않고 개인에게 가치가 있는 모든 것이라고 정의하였다.

(3) 마케팅의 개념적 정의

마케팅의 개념은 시대에 따라 그 의미가 조금씩 바뀌어 왔다. 마케팅 학자들은 그것을 크게 다섯 가지로 생산개념, 제품개념, 판매개념, 마케팅 개념, 사회 지향적 개념으로 분류하고 있다.

① 생산개념

생산개념은 공급보다 수요가 많았던 시대에 기업 마케팅 철학이다. 없어서 못

파는 시대라 표현하면 정확할 것이다. 이 시대에 기업 또는 공장들은 상품을 만들어 최대한 많은 사람에게 공급해 주는 것만으로도 큰 의미를 부여했다. 다시 말해 기업들은 기술과 생산 설비가 열악하여 무조건 상품을 많이 생산하고 자신들의 비용 단가를 낮추는 것만 목표로 잡았다. 이러한 최적 생산의 개념은 오늘날에도 중소기업 등 소자본 업체에서 사용되는 개념이다.

② 제품개념

제품개념은 초과 수요 상태는 해소되었으나 여전히 소비자들은 좋은 제품이면 구매로 연결된다는 철학이다. 한마디로 물건만 좋다면 파는 것은 문제가 되지 않는다는 개념이었다. 이때부터 소비자와 판매자의 괴리가 생겨났는데 소비자는 더 발전된 제품을 구매하길 원하였고 판매자는 사고 싶은 사람만 사라는, 쉽게 말해 배짱을 부리던 시대였다.

③ 판매개념

판매개념은 경제 대공황으로 수요가 점차 줄어들고 기술적 발전으로 공급이 수요를 앞질렀을 때 나타나게 된 개념이다. 공장에서 찍어 낸 상품을 창고에 재고로 쌓아 둘 수 없었던 기업들은 소비촉진을 모색할 수밖에 없었던 시기이다. 광고의 초기 프레임이 잡혔던 시기이다.

④ 마케팅 개념

마케팅 개념은 과잉공급으로 인하여 소비자 선택을 받기 위한 기업 간 경쟁이 치열해진즉슨 마케팅 중심에 소비자가 서 있는 개념이다. 이 시기는 단순히 만들어 낸 상품을 시장에 내놓는 개념이 아닌 처음 개발 단계에서부터 소비자 취향을 고려하여 제품을 제작, 생산해 내고 전사적으로 마케팅에 임하는 것으로 고객을 위한 고객을 향한 기업만이 살아남는 시대이다. 아무리 품질이 좋다고 해도 고객의 특정 욕구를 반영하지 못한다면 판매되지 않는다는 것이다.

⑤ 사회 지향적 개념

사회 지향적 개념은 단지 자사의 상품을 구매하는 특정 소비자층뿐만 아니라 공공의 다수에게 이익이 돌아갈 수 있는 예를 들어 사회적 약자인 서민층, 노인층을 끌어안으려는 공익차원의 노력과 자연환경 보전을 위한 그린정책 등을 통해 기업 이미지를 개선하고 브랜드를 높일 수 있다.

이런 기업 이미지는 그 기업에 대한 신뢰감을 형성하게 하고 그 기업이 생산해 내는 상품이나 서비스를 선택하는 것에 큰 영향을 끼치게 된다.

5. 디스플레이와 VMD의 연관성 ::

(1) 디스플레이가 VMD에 미치는 영향

현대의 물질문명 풍요와 더불어 디스플레이 개념은 특별한 의미로서의 전시 또는 상품을 진열한다는 의미를 갖게 되었고 판매 경쟁이 치열한 시대에 있어서 디스플레이는 그 중요성이 날로 높아짐에 따라 상업적인 공간세계로 도입되게 되었다. 디스플레이(Display)란 실물을 보인다는 전시행위(Behavior of Showing)로서의 본질적인 기능을 지닌 개념으로 인간의 의식적 차원에서 인식되었으며 풍부한 상품과 다양화된 전문시장의 발달은 종래의 재래시장에서 이루어지던 진열방법과는 다른 차원의 일종의 시각적인 감각에 의한 전시로서의 진열, 즉 디스플레이가 요구되었다. 판매를 목적으로 상품이 시선을 끌도록 표현하는 디스플레이의 어원은 라틴어의 [Dicplico]와 [Displicare]에서 파생되었고 의미는 [Plico] 또는 [Plicare]의 반대내용으로, 보이다(to show), 열다(to unfold), 전개하다(to spread out) 등의 뜻을 의미한다.

현재 디스플레이란 말이 여러모로 자주 사용되지만 사람에 따라 여러 가지 의미와 뉘앙스의 차이로 받아들여진다. 매장에서의 디스플레이란 상품의 매력이나 가치를 높이고 인상적으로 보이게 하며 따라서 구매와 연결하는 것을 말한다.

그러므로 상품 그 자체는 물론 상품을 돋보이게 하는 여러 가지 소도구, 마네킹, 기구류까지도 디스플레이와 관계가 있다. 매장에서 상품을 고객에게 시각적으로 어필하기 위해서 판매와 깊이 관련되는 디스플레이는 수단이며 목적이다. 이것은 단순한 미를 표출하는 것이 아니고 고객을 위해 보여 주고자 하는 의도를 분명히 전달시켜야만 직접적인 구매와 연결되는 것이다. 따라서 효과적인 디스플레이를 위해서는 그 시대, 계절, 감각, 생활정보와 상품에 따른 지식과 판매계획 위에 디스플레이 기법에 의해서 결정된다.

(2) VMD를 위한 효율적인 디스플레이 방법

매장이 판매촉진을 위해서는 판매 디스플레이를 계획하며 체계화된 방법에 의해 진행되어야 한다.

① 배치력: 눈에 띄는 장소에 선정, 특히 팔고 싶은 상품을 보다 보기 쉬운 높이
로 진열 또는 특별히 계획, 구성한다.

② 상품력: 상품의 종목을 묶고 중량 있는 연출을 하고 대표적인 유형의 상품을 관련시켜 연출 무드를 높인다.

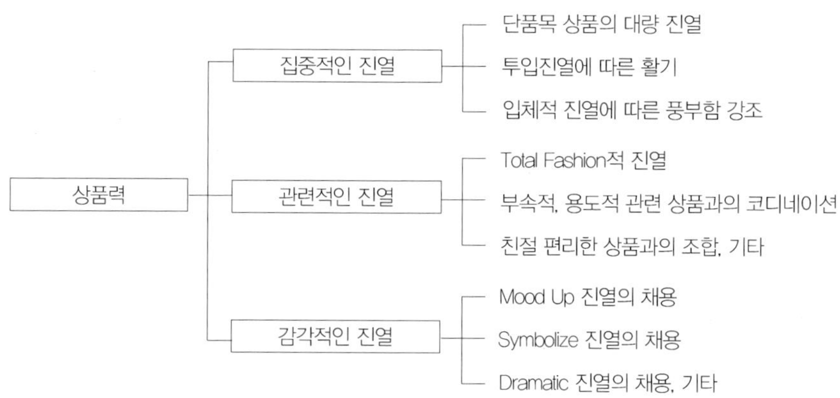

③ 설득력: 대상에 알맞은 자유로운 상품선택을 염두에 두고 명확한 가격표시,
패션 정보 등이 들어 있는 **POP** 광고를 해서 정확한 구매를 유도한다.

(3) 디스플레이와 진열의 차이

디스플레이와 진열은 일반적으로 같은 의미로 사용되고 있으나 근래에 와서 소매업 중심으로 그 매장활용 방법에 의하여 엄격한 의미에서 구분되고 있다. 즉 디스플레이란 소비자에게 상품의 진열을 통한 메시지의 전달, 상품의 제시표현 이라는 강한 의미가 내포되어 있으며 진열이란 점두의 운전재고의 제시표현이 란 뜻으로부터 서로가 나타내는 뉘앙스에는 다소의 차이가 있는 것이다. 이를 항 목별로 대비해 보면 다음과 같다(<표 13>).

표13▷ ▶ 디스플레이와 진열의 차이점

PRESENTATION	
DISPLAY (VISUAL FASCINATION)	진열 (RUNNING STOCK, 점두운동재고)
상품이 어떻게 보이는가가 중요	상품이 보이는가 안 보이는가 여부가 중요
감성에 소구	이성에 소구
표현적	설명적
상품의 이점이 소구점	상품자체가 소구물
비용 대 효과를 중시	작업 코스트 중시
기술과 감성 중시	기능과 기업성 중시
전문적 기술적	관리 작업적
구도 구성이 중요	정리 정돈의 요점

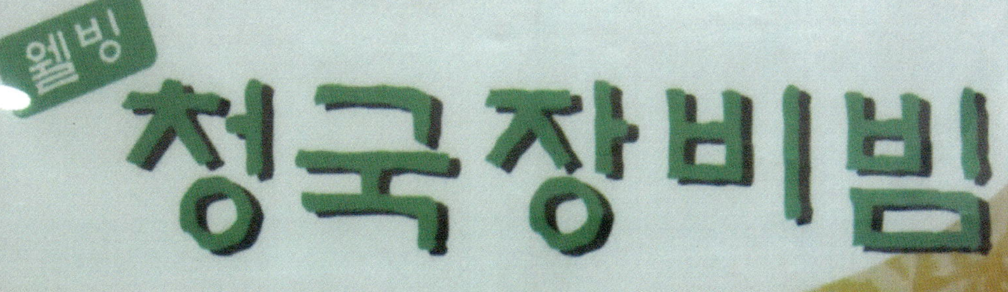
웰빙
청국장비빔
5,500원

▽
▼
고궁 청국장비빔 포스터

고궁

위 이미지는 실제와 다를 수 있습니다.

호텔 고궁
KOREA TRADITIONAL RESTAURANT
INTRODUCE

전주전통비빔밥 7,500원

전주돌솥비빔밥 6,500원

콩나물해장국 5,500원

김치치즈비빔 6,500원

참치돌판비빔 5,000원

해물순두부 6,000원

야채비빔 6,000원

양푼비빔 6,000원

돌판불고기 8,000원 (공기밥포함)

매운불닭돌판비빔 6,500원

▽
▼
고궁 메뉴 와이드컬러

▽ ▶ 고궁 외부 전경

놀부부대찌개 외부 전경 1 ◀ △

놀부부대찌개 외부 전경 2

▽ ▶ 놀부부대찌개 포스터 1

놀부부대찌개 포스터 2 ◀ △

① 식이섬유와 비타민이 풍부한 망고

② 수분이 많아 시원한 수박

③ 비타민, 당분이 풍부한 사과

④ 섬유질이 풍부한 바나나

⑤ 과일의 여왕 망고스틴

⑥ 피로회복에 좋은 파인애플

▽ ▼ 던킨도너츠 포스터

▽ ▶ 던킨도너츠 상품 패키지

던킨도너츠 슈퍼쿨라타 ◀ △

던킨도너츠 외부 전경 ◀▽

△▶ 던킨도너츠 이벤트 포스터

DUNKIN' DONUTS
www.DinkinDonu
Congratulation
던킨도너츠,
국내 로스팅 커피 원두, 해외시장 진출!!
매일경제
2010년 04월 29일 목요일 A19면 종합 17.1 x 8.2 cm
한국도 이제 커피원두 수출국
던킨도너츠 국내서 로스팅
한국던킨도너츠가 국내에서 로스팅한 커피원두를 수출한다.
한국던킨도너츠는 국내 로스팅 공장 준공 1년 만에 충북 음성공장에서 로스팅한 커피원두 30여 t 을 태국과 말레이시아에 수출한다고 28일 밝혔다. 이번에 수출되는 커피원두는 오리지널 커피원두, 에스프레소 커피원두 등으로 잔으로 따지면 200
만잔에 달하는 양이다.
이번 수출계약은 해외시장을 적극 개척한다는 전략하에 최근 신장하고 있는 동남아시아 커피시장에 주목, 지난 2월 태국과 말레이시아 등지에 테스트 제품을 출고해 현지에서 호평을 받아 성사됐다. 지난해 한국던킨도녀츠가 로스팅 설비를 갖추며 세계시장에서 인정받게 됨에 따라 그 기술을 전수해준 미국 던킨 본사와 커피원두 품질을 놓고 경쟁하게 됐다.
현재 충북 음성에 위치한 한국던킨도녀츠 로스팅 공장에서는 연간 960 t 진으로 따지면 6400만잔의 커피볼 생산할 수 있는 시설을 갖추고 있다. 이번 수출계약 성사로 한국던킨도녀츠가 국내에서 로스팅한 커피원두의 해외시장 개척은 더 활기를 띨 전망이다. 이미 대만 중국 중동 지역과 커피원두 수출과 관련한 협의가 진행 중이며 1차적으로 아시아 지역으로 확대될 전망이다.
ICED Latte
DUNKIN' DONUTS
ICED Coffee
ICED Latte
▽
던킨도너츠 커피 원두수출 홍보포스터

Super
Coolatta®
Health
건강한 여름!

New
핑크구아바 쿨라타
몰리페놀이 풍부하여 노화방지 고운피부 만들기에
안성맞춤인 구아바

New
피치피탕카 쿨라타
비타민 A와 수분함량이 높아 수분밸런스 유지와
스트레스 해소에 도움을 주는 피치

키위 쿨라타
비타민 C와 섬유질이 풍부하여 피로회복과
영양보충에 좋은 키위

스트로베리바나나 쿨라타
비타민 C와 안토시아닌이 풍부하여 눈건강과
피부건강을 도와주는 스트로베리와 바나나

오렌지망고 쿨라타
비타민 A와 베타카로틴이 풍부하여 항산화 작용에
좋은 오렌지와 망고

그린바나나 쿨라타
풍부한 미네랄과 식이섬유로 다이어트에
도움을 주는 그린바나나

트로피컬 쿨라타
비타민 C의 함량이 풍부하여 콜라겐 형성을 촉진시키고
와인닝낭의 피부관리에 도움을 주는 열대과일

블루베리 쿨라타
비타민 C와 철분이 풍부하여 여성의 빈혈예방에
도움을 주는 블루베리

열대기후의 나라로 여행을 꿈꾸다!

Super
Health
건강한 여름!
Coolatta®
핑크 구아바 쿨라타
DUNKIN DONUTS
던킨도너츠 핑크 구아바 쿨라타

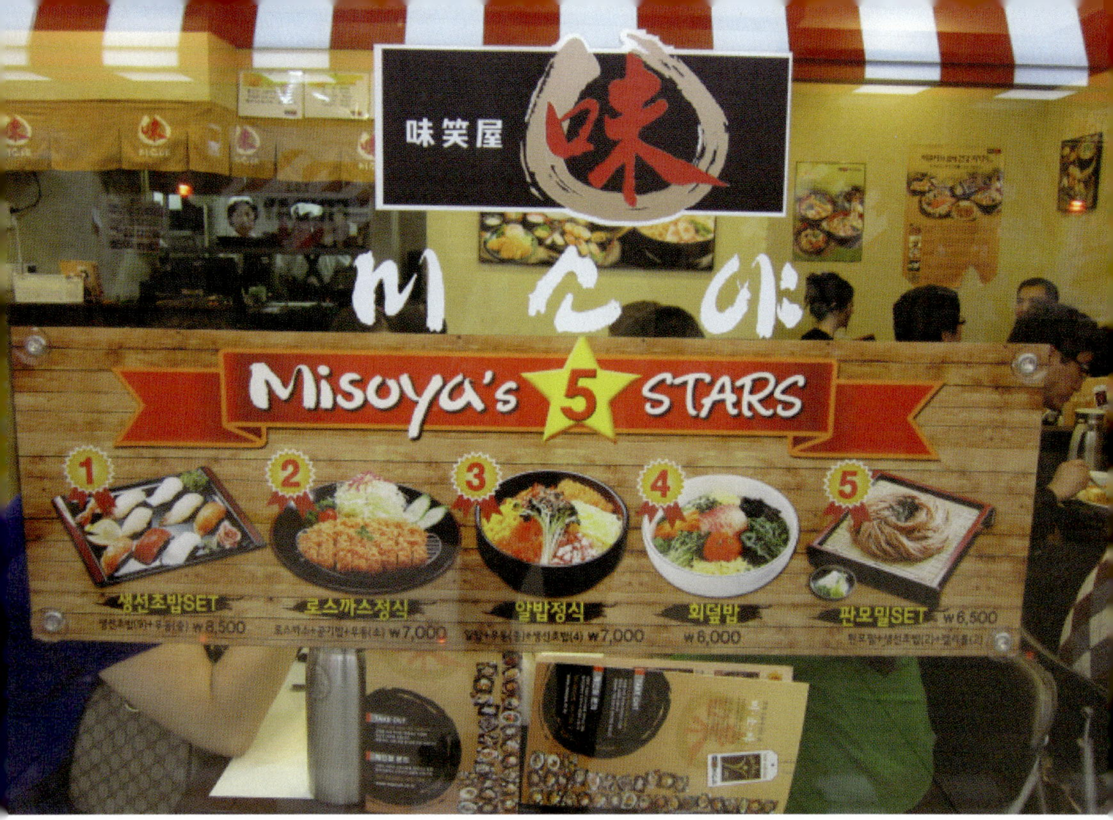

味笑屋 味
미소야
Misoya's 5 STARS
1 생선초밥SET 생선초밥(9)+우동(소) ₩8,500
2 로스까스정식 로스까스+공기밥+우동(소) ₩7,000
3 알밥정식 알밥+우동(소)+생선초밥(4) ₩7,000
4 회덮밥 ₩6,000
5 판모밀SET ₩6,500 판모밀+생선초밥(4)+별식(고)

味笑屋 味
신메뉴
미소야
TASTE CREATOR 미소야
새로운 맛! 한입가득한 행복!
치즈돈까스 ₩7,500
매콤불고기버섯덮밥 ₩5,500
곁들임메뉴
오징어정 ₩2,000
새우튀김 ₩1,000/마리
야끼야끼 ₩2,000
비빔모밀 ₩5,000
퓨전치즈덮밥 ₩5,500

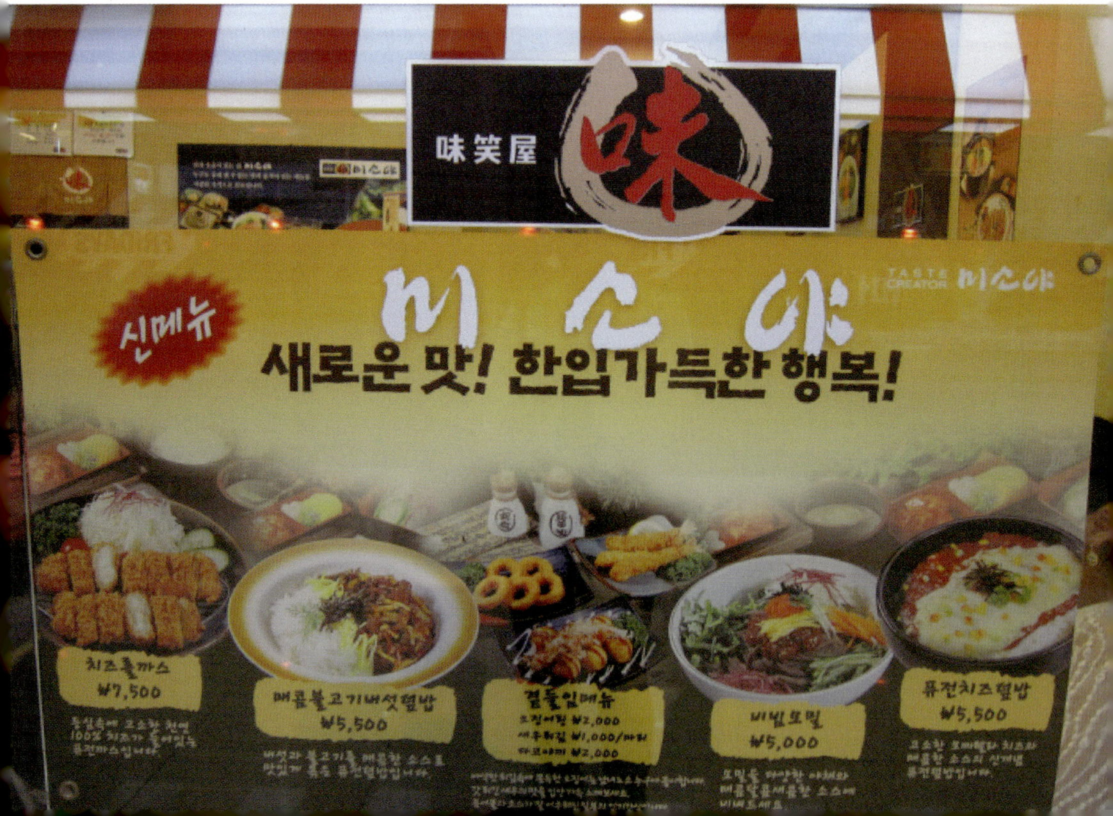

일본식 우동 초밥 돈까스
Japanese Restaurant
미소야

▽ ▶ 미소야 외부 전경

미소야 메뉴 포스터 3 ◀ △

味笑屋
미소야
Misoya's 5 STARS
1 생선초밥SET
2 로스까스정식
3 알밥정식
4 회덮밥
5 판모밀SET ＝ ￦6,500

BURGER KING
버거킹
100% 순 쇠고기를 불에 직접 구워
더욱 맛있는 버거킹 대표버거
와퍼
광주터미널점 유·스퀘어 문화관 2층 단체주문환영 062-363-0332
광주충장점 충장로 광주 우체국 10m거리 단체주문환영 062-225-0
www.burgerking.co.kr

HAVE IT YOUR WAY®

버거킹 와이드컬러 ◀▽

뚜레쥬르 케익으로
빕스에서 파티 하면~
샐러드바 1인 50% off!!
(단, 성인 3인 이상 식사 시 / 주문 전 뚜레쥬르 케익을 보여주세요!)
VIPS
Steak & Salad Restaurant
행사 기간   2010. 3. 15 (월) ~ 2010. 5. 31 (월)
행사 매장   빕스 전매장
대상 제품   뚜레쥬르 케익 (단, 조각케익은 제외)
행사 내용   뚜레쥬르 케익을 빕스에 가지고 오시면
성인 3인 이상 식사 시, 1인 샐러드바 50% 할인
케익이 여러 개일 경우라도, 성인 3~4인 식사 시 최대 1인, 5인 이상 식사 시 최대 2인 할인 가능   ※ 타행사/타쿠폰/CJ임직원카드 중복 사용 불가능

▽
▼
빕스_뚜레쥬르 협업 프로모션포스터

고객님의 방문을 환영합니다!
도움이 필요하신 고객님은
062) 351-1909 로 연락주세요
광천점 올림

VIPS
SINCE 1997
Fresh Life Restaurant

▽
▼
빕스 도우미 포스터

▽ ▶ 빕스 생일 이벤트 행사 현수막

VIPS
SINCE 1997
Steak & Salad Restaurant

VIPS 상무점에서
소중한 사람들과
행복한 시간을 경험하세요
(모든 메뉴는 광천점과 동일합니다)
상무점 예약문의 : 062)376-1997
✓ 넓은 주차장
✓ 전망 좋은 외관
✓ 모임을 위한 Room 준비
✓ 수유실, 놀이방 준비

▽
▼
빕스 와이드컬러 1

VIPS
Steak & Salad Restaurant

신나게 즐기고 힘차게 외쳐라!
코리아 파이팅

빕스 코리아 파이팅 세트를 드시고
행운가득 볼펜에 숨겨진 선물을 확인하세요!

행사기간 : 2010년 5월 1일(토) ~ 6월 27일(일)
(1세트 주문 시 행운 볼펜 1개 증정)

행운가득
선 물
1등 : 넷북 4명
2등 : 월드컵 공인구 자블라니 (보급형) 400명
3등 : 대한축구협회 응원용 머플러 500명
행운상 : 스테이크 5천원 할인권 (평일사용)

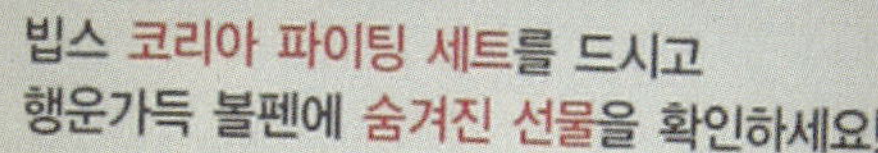

코리아 파이팅 세트   한정 판매

빕스 스테이크 위드 코코넛 쉬림프
쇠고기등심 : 호주산, 210g

+

얌 스톤 안심 & 쉬림프 투탑 스테이크
쇠고기안심 : 호주산 160g / 돼지고기베이컨 : 미국산

▽ ▼
빕스 와이드컬러 2

모집부문	레스토랑 운영업무 (주방, 플로어서비스, 주차)
지원자격	만 18세 이상 (성별, 연령 제한없음) 열정적이고 따뜻한 마음과 밝은 웃음을 가지신 분
지원방법	해당 점포로 전화 또는 www.ivips.co.kr 에
근무시간	Free ~
시 급	4500 원 (개인능력에 따른 차등 지급 및
혜 택	1. 글로벌 종합 외식 서비스 기업 CJ푸드빌의 대표 빕스에서 외식전문가로 성장할 수 있는 기회제공 (배우고 가르치는 즐거운 근무환경) 2. 4대 보험, 퇴직금, 장학금 지급 (선발) 3. CJ푸드빌 운영 레스토랑 식사시 할인혜택

VIPS
SINCE 1997
Steak & Salad Restaurant

VIPS 광천점 채용 공고

국내 외식 선도하고있는 **빕스**에서 무한한 가능성을 지닌
역량있는 인재를 아래와 같이 모집합니다.

사 원 모 집 내 용

모집부분	홀서빙 / 주방조리 (오픈 주부 사원 채용)
지원서작성	점포 방문 혹은 www.restaurantworld.co.kr 을 통해 작성
지원자격	외식업에 열정이 있는 모든 남녀
전형절차	서류전형 → 면접 → 점포실습 →채용
모집인원	00명
연락처	062-351-1997 / 018-226-9929
복리후생	야간수당 지급 / 심야 교통비 지급 / 4대보험 / 중식지급 경조사지급 / 자사브랜드 이용 시 할인 혜택 각종 교육혜택 등 다양한 복리후생제도

COLD STONE
VIPS
Steak & Salad Restaurant
SEAFOOD OCEAN
THE PLACE

www.ivips.co.kr

▽ ▼
빕스 와이드컬러 3_직원 채용 포스터

VIPS
SINCE 1997
Steak & Salad Restaurant
새로운 카드로
VIPS MANIA 라면
더 많이 누리세요!
VIPS MANIA 2010
Family Point
FISHER'S MARKET
VIPS
SINCE 1997
CAFE SORAHN
CHINA Factory
COLD STONE
Tous les Jours
SEAFOOD OCEANI
8369 4325 7086 8984
샐러드바 50%
할인쿠폰
연 2매 제공
메뉴에서 선택한
주류/음료
2잔 무료
(매 방문시마다)
매월 1,3째주 월요일
MANIA DAY 10%
추가 할인
• 그 외에도 빕스의 이벤트 우선 초대 등 다양한 혜택이 준비되어 있습니다. 자세한 내용은 빕스 홈페이지 (www.ivips.co.kr)를 참조하세요.
IPS MANIA
스 매니아)란?
VIPS MANIA (빕스 매니아) 고객이라면,
VIPS MANIA 2010 카드로 교체 발급 받으세요!
주문 전, 반드시
VIPS MANIA 2010 카드
제시해 주세요.
년 3월~2010년 2월까지
물 5회 이상 방문하신
결제금액 30만원 이상
의 우수고객님에 대한
입니다.
VIPS MANIA 고객님은 MANIA 카드를 발급받아
등록하신 후 이 모든 혜택을 누리실 수 있습니다.
• VIPS MANIA 2010 혜택 기간 : 2010년 3월 3일 ~ 2010년 12월 31일

▽▼
빕스 MANIA 포스터

회전초밥 전문점 스시장
식사류
초밥세트류
창작롤세트류
각종초밥접시
세미A세트 ₩6,000
세미C세트 ₩10,000
세미B세트 ₩8,000
유부초밥세트+우동 ₩7,000
모듬세트+우동 ₩12,000

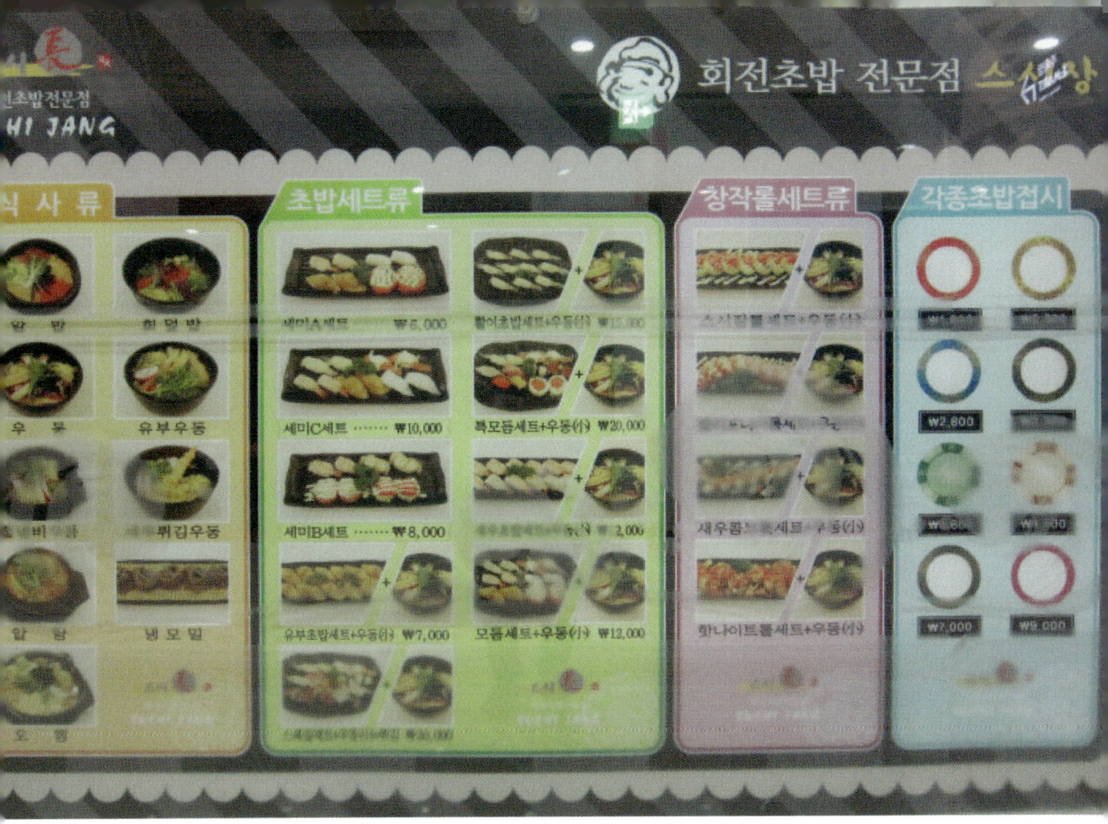

▽ ▶ 스시장 포스터

스시장 외부 전경 ◀ △

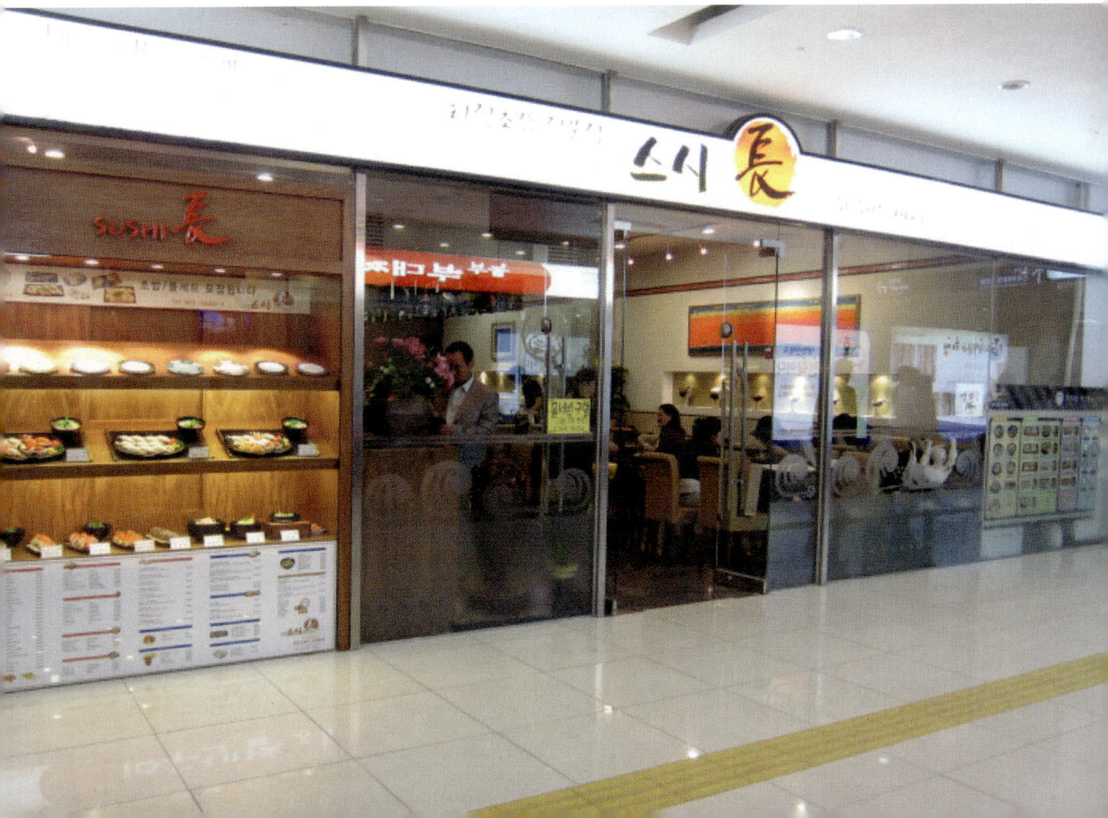

아웃백 외부 전경 ◀▽

△ ▶ 아웃백 이벤트현수막

즉석 프리미엄 뷔페

아이엘리시아

각종 모임 및 행사예약 500석 (150석~12석 룸) 완비

돌잔치 / 피로연 / 회갑연 / 칠순연 / 세미나 / 출장뷔페

광주종합버스터미널 2F (CGV 옆)

● 이용시간 및 요금

다음 NAVER | 아이엘리시아 | 검색

평일	런치 (11:30~15:30)		토·일·공휴일	런치 (11:30~15:30)	
		20,000원			25,000원
	디너 (16:00~22:00)			디너 (16:00~22:00)	
		25,000원			30,000원

4세 미만 어린이 무료 | 미취학 어린이 5세~7세 60% 할인 | 취학 어린이 초등학생 40% 할인

※어린이 요금은 의료보험증 등을 지참하시어 할인 혜택을 받으시기 바랍니다.

☎ 예약문의. 671-1199

중산 외부 전경 ◀▽

△ ▶ 지오 외부 전경

Gio 지오
ITALIAN RESTAURANT

event 3
누구나 가능한! 점심특선(11:00~17:00) 15% 할인 (월~금)
로제파스타 싱글
크림파스타 싱글
토마토파스타 싱글
로제 쉬림프버섯 파스타
로제 해물 파스타
로제 비프 파스타
크림 풍기에 폴로 파스타
까르보나라 파스타
크림 쉬림프 버섯 파스타
크림 쉬림프 버섯 &베이컨파스타
크림 프리미엄 알프레도 파스타
토마토 쉬림프버섯 파스타
토마토 해물 파스타
토마토 비프 파스타

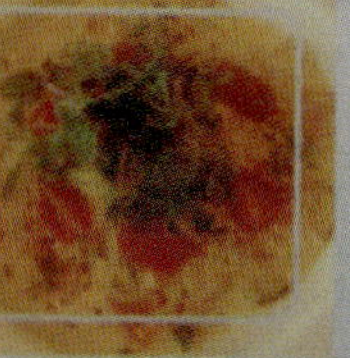

할인은 싱글 메뉴에만 적용됩니다.
본 권은 지오에서만 사용가능
파스타전문점
Gio
ITALIAN 이탈리안 지오 / 광천점
謹賀新年

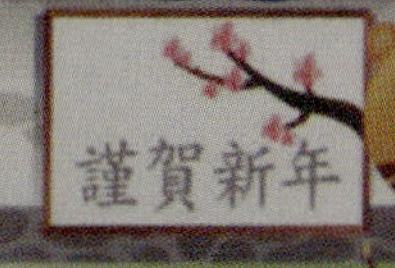

▽
▼
지오 이벤트 포스터

위 메뉴 이외에도 여름 음료류/별미안주/구이안주/마른안주 등
다양한 메뉴가 준비되어 있습니다.

단체회식 및 예약 환영

☎ 351-4002

스퀘어 2층 유테라스 앞

특별
할인판매
2인식사&영화관람권

정상가
₩66,000

할인가
₩60,000

판매처_ 아이엘리시아 문의 671-1199
CGV옆(광주종합버스터미널 2F)

Event3

공휴일 제외
누구나 가능한! 점심특선(11:00~17:00) 15%할인 (월~금)
로제파스타 싱글
• 로제 쉬림프버섯 파스타
• 로제 해물 파스타
• 로제 비프 파스타
크림파스타 싱글
• 크림 풍기에 폴로 파스타
• 까르보나라 파스타
• 크림 쉬림프 버섯 파스타
• 크림 쉬림프 버섯 &베이컨파스타
• 크림 프리미엄 알프레도 파스타
토마토파스타 싱글
• 토마토 쉬림프버섯 파스타
• 토마토 해물 파스타
• 토마토 비프 파스타

※ 할인은 싱글 메뉴에만 적용됩니다.
본 권은 지오에서만 사용가능

파스타전문점
Gio
ITALIAN 이탈리안 지오 / 종천점

謹賀新年

▽ ▶ 지오 행사 포스터

TGI 로고 ◀ △

T.G.I.
FRiDAY'S

스테이크드
다이아
즐겨라!
이것이 TGIF 리얼 다이아몬드 스테이크 스텝!
스텝1 냉장육 스테이크여야 리얼!
스텝2 12일 이내의 냉장육이어야 리얼!
스텝3 신선한 냉장육을 직화로 구워야 리얼!
스텝4 직화 다이아몬드 마크를 확인해야 리얼!
어떻게 익혀드릴까요?
그릴 위에서 뜨겁게~
다이아몬드 무늬를 확인할 수 있는 TGIF 리얼 다이아몬드 스테이크 시리즈
그릴에 구운 TGIF 직화구이 스테이크 12일 이내의 신선한 냉장육을 그릴에 직접 구워
더 신선하고 맛있는 스테이크를 선사합니다

▽ ▼
TGI 스테이크 포스터

in here, it's always Friday.™
T.G.I. FRiDAY'S 의 차별화 된
고급 카페 아메리카노 출시!
최상의 커피와 편안한 즐거움을 제공하는
TGIF 카페 아메리카노를
즐겨보세요.
최고급 스위스 명품 "유라 (jura) 커피 머신" 이 펼치는
진한 커피의 향연~
비오는 날 아침, 달콤한 커피 향이 전하는 감미로움...
바쁜 오후, 커피의 따뜻한 온기가 지친 몸과 마음에 전해지는 편안함...
커피 한잔 때문에 행복을 느꼈다면
당신이 마시는 아메리카노 커피 한 잔,
그 속에 TGIF가 전하는 즐거움이 숨어 있기 때문입니다.
TGIF 카페 아메리카노
2,000원 (부가세 별도)
* 별도의 식사 주문없이 "카페 아메리카노" 를
즐기실 수 있습니다.

T.G.I.
FRiDAYS
광주터미널점 Tel. 062)369-9020

▽ TGI 신상품 홍보 현수막

▷ ▶ TGI 신상품 홍보 현수막

98

T.G.I. FRiDAY'S
512
5월! TGIF와 함께 하나가 둘이 되는 놀라운 세상!
OK CASHBAG 512 페스티벌
즐거운 FRiDAY'S
매주 금요일 TGIF에서는
포인트가 5배!
행사기간 동안 TGIF에서
OK캐쉬백 포인트를 적립하시면
포인트를 5배로 적립해드립니다!
★ 단, CAJUN CLUB 회원은 추가 4% 적립 (GOLD 9% / SILVER 7%)
OK CASHBAG
행사기간 : 2010.5.12(수)~6/11(금)
Gifti con
오직 TGIF 에서만 즐기는
행복한 주말 이벤트!
Happy Weekend
엄마, 아빠!
이번주 주말에는
TGIF로 외식 가요!
토, 일 어린이 동반 가족 고객에게
'키드 쉬림프 스테이크'를
무료로 드립니다.
(4인 기준 2명 어린이까지)

▷ ▼ TGI 이벤트 배너 거치대

오직 TGIF 에서만 즐기는
행복한 주말 이벤트!

토, 일 어린이 동반 가족 고객에게
'키드 쉬림프 스테이크'를 무료로 드립니다
(4인 기준 2명 어린이까지) ・만 13세 이하의 어린이만 가능 합니다

TGIF 를 방문하시는 어린이 고객님께는 어린이 판촉물
(장난감, 바람개비, 문신스티커 택1)을 드립니다.

행사기간 : 5월 15일 ~ 6월 30일까지

・회사 사정에 의해 홈페이지 사전공지 후 조기 종료 될 수있습니다.
・제한한 내용은 홈페이지를 참조 하세요. www.tgif.co.kr

▽ ▼ TGI 이벤트 현수막

TGI FRiDAYS

제휴 할인 카드 안내

통신사 멤버쉽 카드 20%
· 식사 금액의 20% 할인
· 잔여 마일리지 내에서 사용가능
  (포인트 차감)
· 1일 1회 20만원(부가세 포함)
  한도 내에서 사용가능
· 단, 알콜음료 제외

SK telecom
LG TeleCom

신용카드 및 기타

LOTTECARD

T.G.I.F. 롯데카드
결제시
· 식사 금액의 20% 할인
  –알콜음료 제외, 1일 1회
  –최근 3개월간 30만원 이상 이용 고객
  –할인전 금액 20만원 한도
  (최초가입 후 3개월간 실적 상관없이 할인 가능)

롯데카드
결제시
· 식사 금액의 10% 할인
  –1일 1회
  –3개월간 월평균 20만원 이상 이용 고객
  –할인전 금액 20만원 한도

신한카드

STYLE-F 신한(구LG) (일부매장 제외)
결제시
· 식사 금액의 10~30% 할인
  · 전월 실적에 따라 다른 할인혜택
  –10~30만원은 식사금액의 10% 할인
  –30~50만원은 식사금액의 20% 할인
  –50~100만원은 식사금액의 30%할인

신한(구LG)패밀리 카드
결제시
· 식사 금액의 20% 할인
  (전월 실적 30만원 이상 결제 시 할인 가능)

신한(구LG)빅패밀리(Lady, 2030) 카드
신한(구LG)더베스트 카드
결제시
· 식사 금액의 20% 할인
  (전월실적 10만원 이상 결제 시 할인 가능)

신한(구LG)플래티늄 (스페셜 제외) 카드
결제시
· 식사 금액의 20% 할인
  플래티늄 클래식/플래티늄 익스텐션 – 실적체크 없음
  레이디 플래티늄 – 직전 3개월 실적 30만원 이상일
  경우에만 할인 적용

공통사항 · 최초 가입 시 3개월간 – 실적 상관없이 식사금액의 20% 할인
         · 1회 20만원 내에서 할인 가능

HyundaiCard (일부매장 제외)

현대카드 S
결제시
· 식사 금액의 20% 포인트 차감 결제

현대카드 M, (Lady, My Business)
결제시
· 식사 금액의 20% 포인트 차감 결제
· 4% 포인트 적립

LIG 손해보험 현대카드 M
결제시
· 식사 금액의 20% 포인트 차감 결제

현대카드 V
결제시
· 식사 금액에 따라 10%~20% 할인
  (최초가입 후 2개월은 실적 관계 없이 10%할인)
· 전월 실적에 따라 다른 할인혜택
  –20~50만원은 10%할인(한도 2만원)
  –50~80만원은 15%할인(한도 3만원)
  –80만원이상은 20%할인(한도 5만원)

현대카드 W
결제시
· 식사 금액의 30% 포인트 차감 결제

외환카드 (일부매장 제외)

줄리엣 카드, 더원 체크카드
결제시
· 식사 금액의 20% 할인
· 월 1회 할인 가능(할인전 금액 20만원 한도)
· 전월실적 10만원 이상 결제 시 할인 가능

외환 파워체크카드, Skypass체크카드
결제시
· 식사 금액의 10% 할인
· 통신사 중복 할인시 – 통신사 20% + 추가 5% 할인
· 전월실적 10만원 이상 결제 시 할인 가능
· 월 1회,연 6회 할인 가능(할인전 금액 20만원 한도)

플래티늄 (The One/1200) 카드,
Yes 4 U 더원 카드
홈플러스 외환카드(줄리엣)
결제시
· 식사 금액의 20% 할인
  –전월실적 10만원 이상 결제 시 할인 가능
  –월 1회 및 연 6회에 한하여 할인 제공

공통사항
최초가입 후 3개월간 실적 상관없이 할인 가능

우리카드

우리e카드, 우리 쿠키 베이비&키즈카드,
우리 베이비&키즈카드
결제시
· 식사 금액의 20% 할인
· 1일 1회 2만원 내에서 할인
· 전월 실적 30만원 이상 사용시 할인 가능

우리 다둥이행복 카드 (일부매장 제외)
결제시
· 식사 금액의 20% 할인
· 1일 1회 2만원 내에서 할인
· 전월 실적 20만원 이상시 할인 가능
  (신규 발급 후 2개월간 실적 관계없이 이용 가능)

KB 국민카드

KB 5樂 카드
결제시
· 식사 금액의 20% 할인 – 식사금액 20만원 한도

KB e 레저 카드, 14일 樂 카드
결제시
· 식사 금액의 10% 할인

SAMSUNG 삼성카드 (일부매장 제외)
결제시
· 식사 금액의 20% 포인트 차감 결제
· 20% 포인트 차감, 50% 재적립

비씨카드 (일부매장 제외)

BC 레인보우 카드
결제시
· 식사 금액의 20% 할인
· 월1회 일요일만 가능 (1회 최대 2만원 할인 가능)

▽ ▼
TGI 제휴 할인 카드 안내 현수막

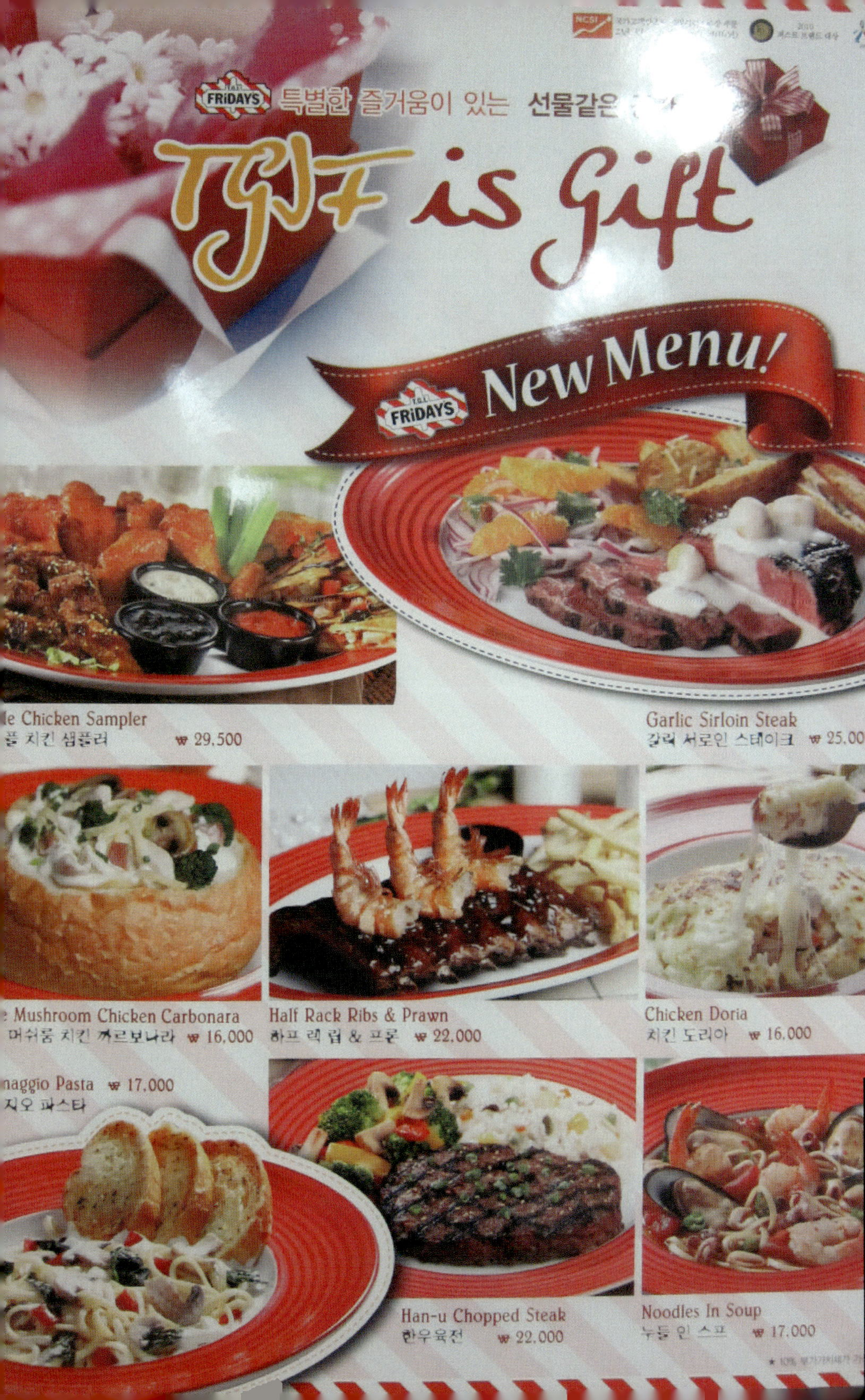

TGIF is gift

e Chicken Sampler
풀 치킨 샘플러 ₩ 29,500

Garlic Sirloin Steak
갈릭 서로인 스테이크 ₩ 25,000

Mushroom Chicken Carbonara
머쉬룸 치킨 까르보나라 ₩ 16,000

Half Rack Ribs & Prawn
하프 랙 립 & 프론 ₩ 22,000

Chicken Doria
치킨 도리아 ₩ 16,000

naggio Pasta ₩ 17,000
지오 파스타

Han-u Chopped Steak
한우육전 ₩ 22,000

Noodles In Soup
누들 인 스프 ₩ 17,000

★ 10% 부가가치세가 별도

고객을 한눈에 사로잡는 상업공간의 VMD 디자인 마케팅 :: 개정판

PART 2

::

쇼윈도 디스플레이

1. 개념 ::

:: 수출입의 신장과 고도 경제성장이 소비자의 문화생활에 급진전한 변화를 가져다주었으며 대량생산과 대량판매, 대량소비사회로 진행됨에 따라 유통업체는 판매촉진의 일환인 판매연출을 통하여 고객에 충동구매를 일으켜 매장 안으로 유도하는 쇼윈도 디스플레이에 상당한 관심을 기울이고 있다. 정적인 미의식의 차원을 넘어 인간의 심리적인 욕구를 만족시키고 있으며, 시각, 촉각, 청각 등에 소구하는 종합적인 조형 활동으로 매장의 판매수단을 위한 상업적인 수단뿐만 아니라 도시환경 미화에 중요한 역할을 한다. 또한 통행인에게 즐거움을 주고 시대의 유행과 미적 감각 등 생활정보를 제공하는 기능과 더불어 인간성 회복을 위한 청량제 구실을 겸하고 있는 거리의 대중예술이다.[15]

일반적으로 디스플레이는 '전시하다', '진열하다' 등의 의미로 쓰이고 있으나 최근에는 크게 두 가지로 구분되어 사용되고 있다. 그 하나는 진열이나 전시를 하기 위한 용구, 즉 디스플레이 머티리얼(Material)이란 뜻이며, 또 다른 의미로는 하나의 목적의식을 가진 진열이나 전시의 뜻으로 공간 조형이나 입체 구성에 의한 광고 목적을 표현하는 것이다. 특히 최근에는 진열, 장식, 전시 등 말로서는 표현할 수 없을 정도로 그 개념이 확대되고 있으며 공간의식, 시간의식, 심리학 등의 지

15 고순욱, 「백화점 쇼윈도 디스플레이를 위한 Visual Merchandising에 관한 연구」, 1984, p.16.

각에 의해서 해석이 광범위해지고 복잡해져 가고 있다. 디스플레이에 있어 기술적인 문제를 내포하는 새로운 개념으로 인식 발전된 쇼윈도는 중세유럽 공방(工房)에서 주문받은 완성품을 고객에게 알리기 위한 수단으로 자신의 공방의 '빛받이 창'에 세워 놓았던 것이 그 시초이다. 빛받이와 통풍의 기능이 있었던 윈도에 그러한 제작품을 진열함으로써 새로운 정보 전달의 장소가 발생하였고 점두(店頭)에 유리로 장식하면서 생겨났다. 창문에 전시하는 것에 기초를 둔 근대적 의미는 1840년경에 미국 동북부 지방에서 처음으로 시도되었고 영국에서는 1860년대에 프랑스에서는 1870년경에 전면적으로 시도되었다.[16] 일본은 1960년대 초기에 이러한 개념을 도입하여 EXPO '70과 같은 국제적 규모의 만국 전람회를 개최할 정도로 급성장하였고 우리나라에 들어오기 시작한 때는 1967년 몬트리올 박람회 참가와 이듬해인 1968년 제1회 한국 무역 박람회 개최를 기점으로 디스플레이 개념의 도입과 함께 점진적으로 발전해 온 것이다. 현대는 자동화에 의해 나타난 새로운 소비사회로 "소비는 미덕이다"라는 말을 유행시킬 정도로 상품의 수명을 단축시킨다. 이와 같은 상태에서 소비자는 어떤 상품을 어디에서 구입할까를 고심할 때 구매력 있는 전시를 제시한다면 이것이야말로 소비자의 욕구를

16 Leonards Marcus, The American Store Window, London: The Architectural Press Ltd, 1980, p.12.

충족시킬 수 있는 실제적인 장(場)이 될 수 있다.

이상에서 보는 바와 같이 쇼윈도는 "팔아야 한다"라는 판매자의 입장과 "사고 싶다"라는 소비자의 욕망을 연결시켜 주는 중요한 역할의 장이며 단지 상품의 나열이 아닌 고객들의 심리적 조건을 기본으로 하는 판매 촉진적 기술이며 방법이다.[17] 매장의 파사드(Facade)를 이루고 있는 쇼윈도는 상점에 있어서 직접 선전의 중요한 수단의 하나로 고객의 마음을 사로잡아야 하는 눈의 역할을 하는 곳이다.

투명한 유리의 스크린을 통하여 통행객이나 유동객이 아무런 부담 없이 그 매장의 상품을 자유롭게 감상하고 아이쇼핑(Eye Shopping)을 즐길 수 있는 매체이다. 숍 프런트(Shop front)는 개방도가 클수록 고객을 매장 안으로 유도하기 쉽다. 숍 프런트의 개방도와 가장 관련성이 많은 곳이 바로 쇼윈도이며 이는 판매의 전위대로서 진열의 테마와 특수성을 살려서 매장의 이미지를 표현하는 곳이다. 영업정책과 상점의 이미지에 따라 그 형태가 개방형, 폐쇄형, 개폐절충형 등이 있다.

17 김소영, 「의류상점의 판매촉진을 위한 쇼윈도 디스플레이에 관한 연구」, 1990, pp.3~4.

(1) 기본적 요소

디스플레이는 보이는 행위가(Behavior of Showing) 그 본질로서 보이고자 하는 어떤 내용물로서의 '대상물(Object)', 그 내용을 전달받는 대상으로서의 '고객(Person)', 전달 행위가 이루어지는 장소와 시기로서의 '공간(Space)'과 '시간(Time)'이라는 4가지 기본요소에 의해 성립된다.

즉 디스플레이는 4가지 기본 요소를 토대로 하여 기초이론과 기초디자인 과정에 의해 전개되며 대상물과 공간요소의 관계로 적절히 조절되어서 미래로 나아가게 된다.

(2) 성공적인 윈도 구성요소

거리를 걸어 다니다가 제일 먼저 눈에 띄는 것은 화려한 장식이 있는 쇼윈도이다. 상품의 직접적인 선전 수단으로서 거리의 성격을 조성하는 상점의 얼굴이며 유인력을 지니고 있어 통행자를 끌어들이거나 외면하게 한다.

상점의 판매 공간 중에서 제일 앞쪽에 위치하기 때문에 상점 전체의 연출 주제와 목적이 단적으로 표현되어 그 상점만의 독특한 디스플레이의 질적 인식을 갖게 해서 고객의 동선에 단서를 제공하여야 한다. 그렇다면 무엇이 거리를 지나는 사람들로 하여금 발걸음을 멈추어 윈도를 들여다보게 하며 상점 내로 들어가게 하는가? 이에 대한 답은 설득력 있는 윈도를 만드는 구성요소라 할 수 있다. 통행인의 시선을 끈 후 구매로까지 유도하는 성공적인 윈도는 명성, 뛰어난 착상, 훌륭한 광고 문안, 훌륭한 상점 내부 등 4가지 요소로 구성된다.[18]

① 명성(Good Reputation)

어떤 상점의 쇼윈도가 멋있다고 알려지게 되면 사람들은 거리를 걸을 때도 그 윈도가 있는 쪽으로 갈 것이고 무의식적으로 매번 그 윈도에 시선을 주게 된다. 즉 디스플레이가 잘되어 있다는 명성을 얻은 윈도는 그 명성만으로 잠재적인 고객을 확보하게 되고 이 잠재적인 고객은 언젠가는 실제적인 구매고객이 되므로 명성을 얻고 지키는 일은 매우 중요하다.

② 뛰어난 착상(Good Idea)

뛰어난 착상은 명성으로 끈 시선을 잠시 머물게 하는 역할을 한다. 사람들에게

18 Gaba Lester, The Art of Window Display, 미국 New York: Studio Publications Inc, 1952, pp.25~29.

강렬한 호소력을 줄 수 있는 뛰어난 착상에는 다음과 같은 것들이 있다.

가. 새로움(New)

새로운 것에 대해 관심을 갖는 인간의 심리를 이용하는 것으로 새로운 상품이나 장식 등 어떤 것이든 사람의 눈을 끈다. 일반적으로 새로움이란 일상생활과 아주 가까이 있으므로 이런 새로움을 찾아 이용해야 한다.

나. 신비감(Mystery)

질적으로 매우 간단한 착상의 하나로서 예를 들면 가운데를 들여다볼 수 있는 구멍 하나만을 남겨 놓고 윈도 전체를 완전히 덮어씌운 윈도 디스플레이에서 느낄 수 있다. 이 방법은 지나가다 구경하는 사람들을 끌어들이기 위해 오래전부터 사용된 비결로 성공적인 방법이다.

다. 친숙함(Familiarity)

신비감과 반대되는 착상으로 일상생활 환경에서 항상 가까이 접하고 있는 물건을 함께 장식하거나 일상생활의 한 정경을 디스플레이에 연출시켰을 때 그 효과를 얻을 수 있다.

라. 풍부함(Lots of Something)

인간의 심리에는 과다하게 많은 것에 대해 끌리는 바가 있다. 이 점을 고려하여 쇼윈도 디스플레이 배경에 한 종류의 물건들을 양적으로 많이 장식하여 사람의 시선을 끄는 방법이다. 일반적으로 생활용품과 관련이 있는 상품들은 풍부하게 진열한다.

마. 극소감(Very Little of Anything)

풍부함과 반대되는 착상으로 쇼윈도 내에 아무것도 설치하지 않고 의상 한 벌만을 제시한 디스플레이에서 얻을 수 있는 느낌이다. 귀금속과 같이 고가품, 희귀품의 이미지를 갖는 상품들을 단순하게 진열하는 것을 말한다.

③ 훌륭한 광고 문안(Good Copy)

훌륭한 광고 문안은 상품의 요점이 무엇인가, 상점 내 어디에서 이 물건을 살 수 있나, 상품의 가격은 얼마인가 등에 대한 답을 줄 수 있어야 한다. 광고 문안을 쓸 때 일반대중을 상대로 한다는 점을 고려하여 쉬운 말로 알기 쉽게 호소해야 하며, 딱딱한 인쇄체 문안보다는 자유로운 글자체에 더욱 끌린다는 점에 유의하여 문안 및 글자체를 선택해야 한다.

④ 훌륭한 상점 내부(Good Store Behind the Window)

상점의 내부는 실제로 구매가 행해지는 공간으로 쇼윈도 못지않게 중요하다. 매력적인 윈도에 끌려 상점 내로 들어온 고객이 그에 상응하지 못하는 내부 환경에 실망하는 일이 없도록 내부 연출에 신경을 써야 할 것이다. 테마에 있어서도 쇼윈도와 연관성이 느껴지도록 해야 한다.

3. 기능 ::

:: 일종의 상품시각 연출로서 판매 촉진을 위한 목적의식 아래 상점의 이미지를 직접적으로 표현하며 고객의 호감을 얻기 위한 정보 제공과의 교환 역할을 한다.

기능은 다음과 같이 직접적인 것과 간접적인 것으로 나눌 수 있다.

(1) 직접적인 기능

고객이 상점을 선택하는 데 있어 지대한 영향을 미치는 상점의 얼굴로서, 상점이나 백화점이 가지고 있는 상품을 행사(Event)별, 계절(Season)별에 맞게 주력상품(Volume Zone), 부속 보조상품(Budget Zone), 자극상품(Fashion Zone)으로 적절하게 진열하고 분위기를 연출하여 고객을 점내로 유도해서 충동구매를 촉진시키는 기능을 한다.

(2) 간접적인 기능

상품 위주의 진열보다 연중행사(추석, 설날, 크리스마스, 어버이날, 사회적 기념행사 등)와 계절에 맞는 상품, 시각 연출로 지나가는 통행인에게 지적인 자극과 감각적인 매력으로 즐거움과 정서를 느끼게 함과 동시에 도시 미화요소를 제공한다. 또한 상점이 전달하고자 하는 판촉테마(Theme)를 고객에게 일관된 연출로 상점의 이미지와 수준을 강하게 인식시키는 기능을 한다. 즉 쇼윈도 디스플레이는 <그림 2-1>에서 보는 바와 같이, 보내는 쪽(Sender: 상점)에서 받는 쪽(Receive: 소비자)으로 보내지는 지각으로서 공간성(Show Window)을 통하여 이루어진다.

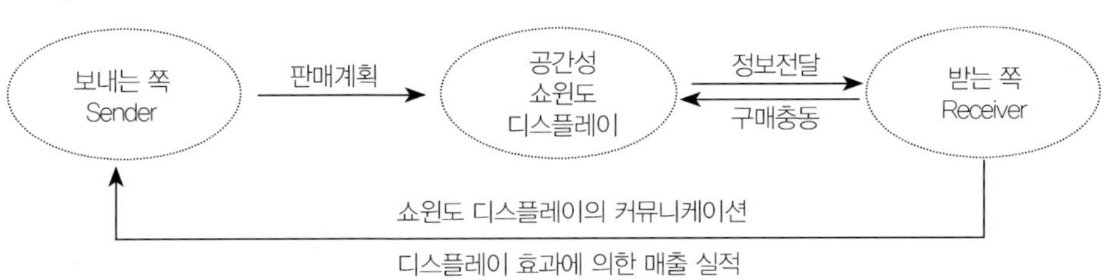

〈그림 2-1〉 디스플레이의 정보 기능

다시 말해서 받는 쪽이 되는 고객(Person: 소비자)이 대상물(Object: 상품)이 있는 장소(Space: Show Window)에 참가하여 무엇인가를 전달하고자 하는 정보를 얻음으로써 그 기능이 나타나는 것이다.[19]

---

4. 형식 ::

(1) 쇼윈도의 형식

상점 입구의 중요한 구성 요소의 하나이며, 이 형식이 상점 입구의 구성을 대체로 결정한다고 할 수 있다. 형식은 수없이 많지만 그 기본적인 형식에 있어 크게 평면형식과 단면형식으로 나눌 수 있다.[20]

① 평면형식

쇼윈도를 지나는 통행인의 수와 방향에 의해 메인 윈도(Main Window)의 위치를 결정하는 구분형식으로, 크게 횡형(평형), 경사형, 다각형, 곡면형, 원형이 있다(<그림 2-2>).

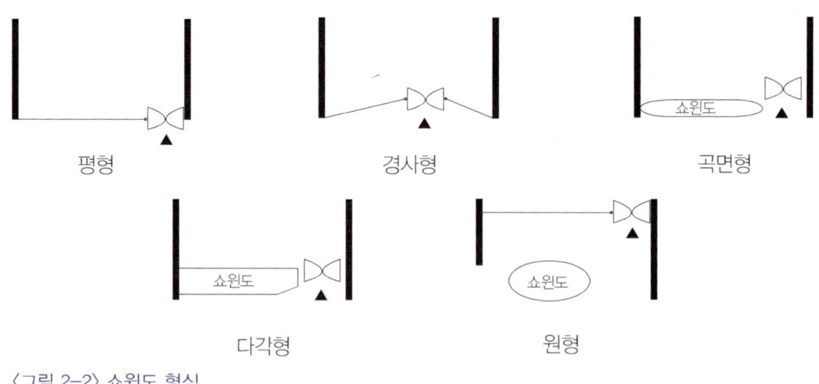

〈그림 2-2〉 쇼윈도 형식

20 김소영, 「의류상점의 판매촉진을 위한 쇼윈도 디스플레이에 관한 연구」, 1990. p.33.

가. 평형(횡형)

쇼윈도의 유리면이 플로어(Floor)에 수직으로 서 있는 형태로, 가장 일반적인 형이다. 평면과 평형된 타입으로 넓은 평면을 조정할 수 있으며 일괄된 전시 공간을 확보할 수 있다는 장점이 있으나 내부 공간은 변형되지 않는 단점이 있다. 통행인은 유리를 통해서 진열된 상품을 보게 되는데 외부 쪽이 밝을 때는 유리가 거울 역할을 하여 고객이 자신의 모습을 보는 현휘 현상이 생긴다. 그러므로 쇼윈도 내부를 밝게 하든지 도로 쪽에 차양을 달아 광선을 가림으로 현휘를 방지해 준다.

나. 곡면형

일반적으로 정면이 좁은 곳에 적합하며 시설 내부로 유도하기 쉬운 것이 장점이다. 쇼윈도와 점두 부분을 최대로 활용하여 판매 효과를 극대화하고자 하는 형식으로 많은 상품을 보여 줄 수 있다.

다. 다각형

평형의 응용 형태로 다양한 각도로 속절(屬折)한 조형요소를 지닌 형식

라. 경사형

유리면의 현휘를 방지하기 위해 유리면을 경사지게 하는 형식

마. 원형

쇼윈도의 면이 원형으로 되어 있는 형식

② 단면형식

상점 건축이 고층화됨에 따라 고객의 시선의 움직임도 활발해져 다양성을 추구하고 있다. 이로 인해 단면형식이 점두의 구성 요소로 나타나게 되었으며 단면형식에는 단층형, 다층형, 투시형이 있다.

가. 단층형

1층 부의 전면에 윈도를 설치하는 형식으로, 사람이 잘 볼 수 있는 시각의 범위인 50~60각도 시각 내에 상품을 진열하는 것이 이상적이다.

나. 다층형

2층, 3층의 전면에 쇼윈도를 설치하는 형식으로 매장이 2층 이상으로 되어 있는 경우 각층의 전면에 설치하여 상품을 전시하는 형식이다. 선전 효과가 크다고는 볼 수 없으나 대체로 대형 상점에는 적합한 형식이며 또 이 형식은 도시환경 미화에 큰 영향을 준다.[21]

다. 투시형

매장 전부를 외부에서 볼 수 있는 공간으로 처리하여 설치하는 형식이다.[22]

(2) 쇼윈도의 종류별 특징

쇼윈도는 크기와 형태 등에 따라서 종류를 나눌 수 있고, 이 종류에 따른 특징은 다음과 같다.

① 개방형

소규모의 상점이나 패션숍에서 많이 쓰는 형으로 뒷벽 면이 없어서 내부의 판

21 한영호, 「백화점 Show Window에 관한 연구」, p.21.
22 고순욱, 「백화점 쇼윈도 디스플레이를 위한 Visual Merchandising에 관한 연구」,
　 홍대 대학원 석사논문, pp.18~19.

매 공간이 직접 들여다보인다. 상품과 조명의 배치에 많은 문제점을 야기하는데, 효과적인 방법은 스크린을 핀 워크(Pin-work) 작업으로 처리해 주는 것으로 여러 가지 재미있는 연출을 할 수 있다. 점내의 조명이 너무 강하면 쇼윈도를 보려고 접근하는 고객의 눈을 자극하기 쉬우므로 조명 배치에 주의를 기울여야 한다. 점내에서 팔고 있는 상품의 종류나 색채 등과 이미지가 같은 것을 디스플레이하는 것은 고객에게 강한 메시지를 전달하는 역할을 해 준다. 내부 진열이 배경이 되기 때문에 인테리어 디자인과 잘 조화시켜서 생각해야 한다.

② 폐쇄형

커다란 유리 안에 벽면, 천장, 측면이 모두 막힌 전형적인 쇼윈도 형태이다. 4각 박스로 되어 있어서 디스플레이 연출을 다양하게 해 볼 수 있다. 소규모 상점에서는 1~3개의 윈도가 설치되어 있고, 백화점같이 대형 상점들은 수십 개의 윈도가 건물을 돌아가면서 설치되어 있다. 대개의 경우 쇼윈도의 크기가 결정되어 있기 때문에 크기를 자주 바꾸기는 힘들지만, 장식물이나 파티션, 마스킹 테이프 같은 것을 사용해서 모양을 바꾸어 줄 수 있다. 바닥은 상점의 성격에 따라 높낮이가 결정이 되며, 액세서리, 귀금속 등 작은 물건의 진열은 바닥을 높여서 진열하고 가구 등의 진열은 보통 낮게 처리해 준다. 고객의 시선에 부담이 없도록 만들어진 것으로 경사진 진열대를 볼 수 있는데, 이것은 램프 바닥(Ramped floor)이라고 하며 구두, 화장품, 일용품 등에 많이 쓰인다. 패션숍에서는 보도블록과 같은 위치에 마네킹을 설치해서 고객이 좀 더 친근감을 느낄 수 있도록 유도하는 것이 유행되고 있다. 바닥면은 대리석을 그냥 사용하거나 카펫, 플로어링(Flooring), 인조매트, 비닐타일 등 다양한 재료로 처리해 준다.

뒷벽 면은 시선이 집중되는 곳이기 때문에 중요하다. 합판으로 처리된 것이 거의 대부분이나 대리석이나 벽돌로도 만들 수 있다. 고전풍의 상품을 진열하는 곳에서는 문을 장식으로 처리하여 물건을 교체할 때 문을 사용하게 처리하면 편리하다.

천장은 조명을 감추어서 빛을 비추는 것도 있고 매다는 행잉(Hanging)형태도 있으며 최근에는 그리드(Grid)나 조명트랙(Track)을 설치해서 조명기구를 손쉽게 부착했다 떼어 낼 수 있도록 한 곳이 많다.[23]

---

[23] 이철원 · 정필원 공저, 『실전디스플레이』 p.37.

고객을 한눈에 사로잡는 상업공간의 VMD 디자인 마케팅 :: 개정판

PART 3

::

외식업소의 VMD 구성요소

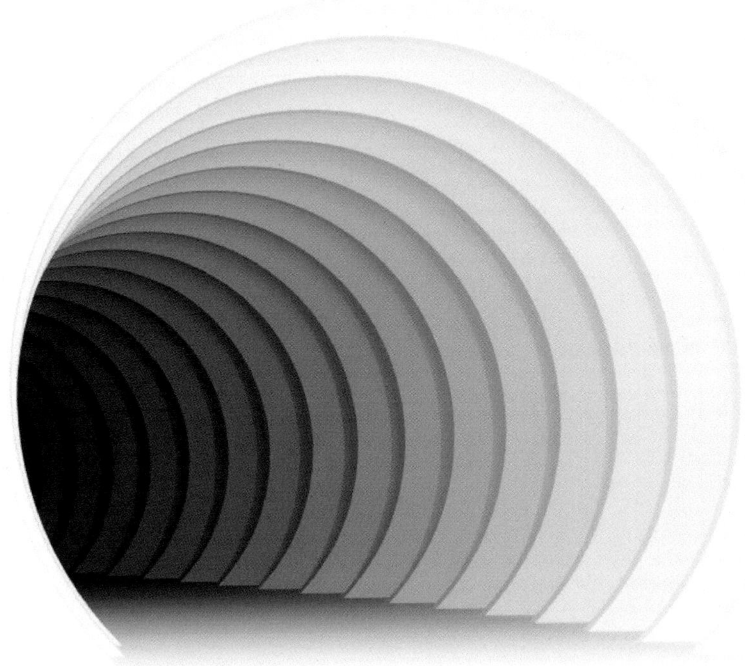

:: 21세기를 눈앞에 두고 한국의 외식시장도 바뀌어 가고 있다. 외국계 유명 피자, 패스트푸드, 패밀리레스토랑은 이제 일반화되어 있으며, 최근 들어 호텔과 같은 수준의 전문레스토랑이 차츰 늘어나는 추세에 있고, 강남을 중심으로 퓨전 음식이 유행하고 있다.[24]

이와 같이 외식산업 시장의 격심한 경쟁과 그에 따른 여러 가지 영업 노력의 결과, 소비자의 음식점에 대한 의식은 맛있는 음식을 먹을 수 있는 것은 당연한 일이고, 오히려 얼마나 쾌적한 공간에서 제공받을 수 있는가에 관심이 집중되고 있다고 할 수 있다.[25]

Philip Kotler 교수는 "전 제품 중에서 가장 중요한 특징 중의 하나는 제품이 구매되고 소비되는 장소이다. 대부분은 장소의 더욱 특별한 분위기가 구매의사결정에 있어 제품 그 자체보다 더 많은 영향을 미친다"라고 하면서 환경의 중요성을 강조하였다. 또한 Kotler는 분위기란 "구매자들에게 어떤 효과를 창출시키기 위해 의식적으로 설계한 공간, 더욱 자세히 말하면, 분위기는 구매자의 구매 가능성을 고양시키는 특별한 감정적인 효과를 낳기 위해 구매환경을 설계하는 노력이다"라고 하였다.[26]

24 신봉규 외 3인 공저, 『외식업 마케팅』, 학문사 2001, p.29.
25 사까끼요시오 저, 강태봉 역, 『식당경영론』, 문지사, 1998, p.107.
26 강무근 · 최주호 · 우문호, 전게서, p.249.

소비자들의 라이프스타일의 변화와 새로운 정보와 취미에 대한 민감한 반응 등의 소비자 측의 욕구에 의한 것으로 판매자 측에서는 상품의 관심도를 높이고 다른 경쟁점과의 차별화가 필요하며, 판매자 측 의도에 따른 쇼맨십이 필요하기 때문이다. 이러한 필요성에 의해 VMD가 적용되어 단순히 흥미와 자극의 차원에서가 아니라 계획된 콘셉트와 테마의 시각적 표현작업을 통해서 공감대를 형성해야 한다.

VMD는 매장의 콘셉트에 기초하며 상품계획을 책정하고 매장환경(내·외장, 디스플레이 등), 판촉(선전, 광고 등), 서비스 등 매장 만들기의 모든 기술을 전체로서 적극적으로 연결시켜 이것으로 통일된 이미지로 내세워 소비자에게 인식시킴과 동시에 공감을 얻고 평가를 얻기 위한 종합적인 판매전략이다.[27]

점포설계는 점포만에 국한된 업무가 아니고 기업 전체를 하나의 패키지로 만드는 전략 중의 하나이다. 점포디자인에 있어 컬러 로고체는 물론 각종 포장재 컵 등의 원부자재에 사용하는 컬러 및 로고체는 기업 전체 이미지와 연결되어 있는데 이를 C.I(Corporate Identity)라고 한다.[28]

외식업소의 VMD는 단순히 눈에 띄게 하는 역할을 하는 것뿐만 아니라 외식업

27 장영숙, VMD를 적용한 백화점 여성의류매장 디스플레이 계획에 관한 연구, 홍익대학교 산업미술대학원, p.21.
28 김헌희·이대홍 공저, 『신경향 외식산업경영의 이해』, 백산출판사, 2001.

소의 전체적인 상품, 서비스 등의 이미지를 표현할 수 있도록 계획되어야 한다.

VMD를 접하게 되는 접점에 따른 분류를 하면 유리면을 기준으로 내부로는 유리와 인접한 쇼윈도와 유리면을 통하여 디스플레이 역할을 하는 인테리어(Interior), 외부로는 건물의 파사드(Facade)와 옥상 등 건물의 상층부(Top), 건물과는 동떨어진 위치인 건물의 옥외공간(Outside) 등으로 나뉜다.

외식업소를 선택하고 입점하여 후 서비스를 받게 되는 일련의 과정의 VMD(시각상품계획 연출) 요소 중 어떤 것이 가장 중요하다고 생각하는가에 관하여 실내·외 장식, 음식에서 나오는 것으로 나누어 살펴보았다.

1. 외식업소 외부(Exterior)의 시각적 요소 ::

(1) 익스테리어(Exterior)의 개념

옥외 부분은 건물의 앞면과 출입구를 모두 포함하는 장소이다. 고객과 보행인 모두에게 가장 밀접한 위치적 요소를 지니며, 상점의 첫인상을 인식시키는 장소이기도 하다. 건물과는 동떨어져 있으나 독립적으로 디스플레이 및 디자인을 통해 매장으로의 고객 유입을 기대할 수 있다.

외부는 매장으로 고객을 유인하는 중요한 지점으로 고객에게 매장을 보여주는 첫 단계라 할 수 있다. 고객의 편의를 위한 서비스의 시작이며 공공미술 등 예술적인 요소를 가미할 수 있는 장소이기도 하다.

익스테리어의 기능은 다음과 같다.

첫째, 고객을 점내로 유도한다. 매장에서 중요한 것은 고객의 입점이다. 상품을 보여주며 행사를 알게 하고, 서비스를 안내하며 고객의 눈을 붙잡고, 흥미와 욕구를 불러일으켜 점내로 유도한다.

둘째, 입점객을 선별한다. 디스플레이 테마 · 분위기 등에 의해 매장의 성격을 확실히 나타내는 것에 의해 입점객을 선별한다.

셋째, 판매를 촉진한다. 이미지와 더불어 상품을 극적으로 보이고, 상품이 사용되고 있는 현황을 보여주고, 상품이 지니고 있는 기능을 강하게 보여주는 것에 의해 상품을 두드러지게 보이게 하여 보는 사람의 욕구를 창출해 낸다.

넷째, 지명도를 넓힌다. 공감의 요소와 놀람의 요소를 가지고 화제를 불러일으키는 것이 '화제성'이고 그것에 의해 지명도가 넓어진다.

다섯째, 내점객을 환영한다. 상점의 외관은 매장을 방문하는 손님이 최초로 눈길을 주는 장소이고 자유스러운 표현이 가능한 장소이다.

여섯째, 변화감을 창출해 낸다. 화려한 것, 활동적인 것, 활동을 간직하고 있는 것 등의 지참이 사람을 모으고 구매 행동을 촉진하기 때문이다.

일곱째, 경관을 만든다. 매장은 보행 길에 의존하고 있고 그 장소의 디스플레이가 보행로에 경관이 된다.[29]

(2) 외식업소의 옥외를 구성하고 있는 시각요소

외식업소의 옥외는 통상 출입구, 간판류, 샘플케이스, 차양 이외의 것, 매장 앞 정원 부분과 주차공간으로 나누어지는데 식당이 위치한 장소와 주변 환경, 업종과 업태에 따라 차이가 있다.[30]

29 김미라, 「디스플레이 개념 해석에 의한 표현 방법 연구」, 성균관대학교 디자인
대학원, 석사, pp.12~14, 2001.
30 도서출판 국제 편집부, 『음식점 설계의 실제』, 도서출판 국제, 1996.

점포의 투명도, 간판, 조명, 건물 외부장치 등과 같은 시각적 단서들은 점포에 들어가기 전에 고객에게 어떤 메시지를 전달한다. 그렇기 때문에 도입부분은 고객에 대한 배려로서 안전감을 느끼고 들어올 수 있도록 유인되게 계획해야 효과적이다.[31]

식당이 위치한 장소에 따라 각각 다르지만 일반적으로 식당의 정면(facade), 사인물(signage), 차양, 건물 외형의 조명장치, 샘플케이스 등으로 구성된다.

① 간판

간판은 정보전달을 위한 시각적 전달 기능과 더불어 환경미화를 위한 구성요소로서 인식되어야 하며, 형태, 색채, 구조 등이 가독성, 상징성 등을 조건으로 만족시키는 것을 말한다.[32]

식당 외부의 간판은 고객에게 식당에 대한 첫인상을 주는 대상으로 식당 전체의 모습과 이미지를 상징하는 것이어야 한다. 그러나 한식당의 색채적 경향은 무질서하고 부자연스러운 실정으로 명확한 분별력이 없다.[33]

식당 간판은 고객에게 식당의 콘셉트를 인식시키는 역할을 해야 하므로 식당

31 William R.Green 저, 남순우 역. 『성공경영을 위한 점포디자인』, 도서출판 국제, 1993.

32 심낙훈, 『비주얼 머천다이징 & 디스플레이』, (주)영풍문고, 1997. p.253.

33 박돈서, 『건축의 색, 도시의 색』, 기문당, 1996.

의 상호와 성격을 확실히 나타내야 한다. 간판의 유형, 서체, 사용재료, 색채 등은 모두 사인물의 성격을 결정짓는 중요한 요소이다. 특히 크기는 식당 전면(facade)과의 적절한 비례를 고려하여 결정되어야 한다. 간판은 식당을 대표할 수 있고, 독창적이며 식별이 용이한 것이어야 하고, 식당이 의도한 내용을 고객에게 명확하게 전달할 수 있어야 한다.

② 차양

차양은 윈도(window)의 반사를 방지하며 진열상품의 변질을 보호하고 고객의 보호를 위한 피난의 기능을 하며 건물 외관에 미적 감각을 더해주는 요소가 된다. 업종과 업태에 적합한 색채와 디자인을 가미함으로써 식당 전면을 미적인 시각 효과가 있도록 설치한다. 또한 차양은 계획적 디스플레이 또는 상점의 판매촉진 및 홍보하는 데 효과적으로 활용할 수 있다.

③ 각종 깃발

고객의 출입문은 접근이 용이하여야 하며, 출입문의 형태, 크기, 수, 재질은 식당의 위치, 식당의 업종과 업태, 고객 서비스 수준 등을 고려하여 설계하여야 한다.

④ 고객 출입구

고객의 출입문은 접근이 용이하여야 하며, 출입문의 형태, 크기, 수, 재질 등은 식당의 위치, 식당의 업종과 업태, 고객, 서비스 수준 등을 고려하여 설정하여야 한다.

출입구는 건물 전면의 구성요소 중 하나로서 파사드(facade)를 구성하는 벽면, 쇼윈도, 창 커튼, 블라인드, 간판 등과 조화가 이루어지도록 한다.

⑤ 건물 외부조명장치

건물 전면부에 장식적 효과를 주는 조명장치는 야간의 광고수단으로서 효과적이며 특별행사 등에 이용된다. 활자체, 심볼(symbol), 구체적 형태 등을 강조하여 강한 이미지 전달이 가능하도록 한다. 시즌행사, 크리스마스 등 특별한 분위기 연출이 필요한 경우 네온, 벨트 장식조명 등으로 분위기를 연출할 수 있는 조명시설이 필요하다. 또한 레스토랑 입구의 조명은 고객에게 알림을 위한 안내의 역할로서 중요한 이미지를 결정한다.[35]

⑥ 샘플케이스

일반적으로 출입구 부분에 있으며, 통행객에게 식당의 존재와 영업내용을 알게 하고 식당 내부로 들어오게 하는 기능을 한다.[36]

2. 외식업소 내부(Interior)의 시각적 요소 : :

(1) 인테리어(Interior)의 개념

인테리어는 대개 건축물의 내부를 가리키는 말로 엄밀하게는 내부공간의 분위기와 기능의 조성으로 받아들인다. 따라서 인테리어 디자인에서 말하는 내부공간은 추상적인 상태의 공간이 아니라 실제로 그 속에서 활동하는 생활공간을 뜻하는 것으로 전시실이나 무대 디자인은 인테리어 디자인에 포함되지 않는다.

보통 실내장식으로 번역되며 서양 건축에서 벽 또는 바닥의 표면을 마무리 짓는 것을 말하고 그 위에 회화나 부조를 가하고 조명기구, 가구들을 배치하여 실내를 하나의 양식으로 만드는 것을 뜻한다.[37]

실내장식이 완성되기 위해서는 각 요소의 모양 · 빛깔 · 재질 따위가 균형을 이루는 가운데 사용 목적에 알맞도록 통일되어야 한다. 이와 같은 균형은 반드시 같은 계열의 모양과 빛깔에 의한 구성뿐만 아니라 때로는 서로 대립되는 모양과 빛깔, 또 그 취급방법에 따라서는 동적(動的) 리듬감과 활기 있는 분위기를 조성한다.

주인의 편리함보다는 고객이 이용하는 데 편리하도록 고객중심의 정신에 입각하여 설계하여야 한다. 그 점포의 업종이 무엇인지, 주요고객은 어떤 사람인지가 전면에 표현되어야 한다.

---

37 강무근 · 최주호 · 우문호 『외식산업론』, 학문사, p.246.

점포의 전면은 화려하기보다는 개성과 특성을 살리면서도 친근감 있고 대중적인 느낌을 주도록 한다. 간판, 윈도, 출입문, 조명은 점포의 얼굴이며 첫인상이므로 고객으로 하여금 친근하게 접근할 수 있게 해야 한다.[38]

외식업소의 실내 구성은 심리적, 심미적, 조형적인 면과 기능적인 면 등 여러 가지 요인으로 인하여 매우 복잡하다. 대화와 만남의 장소로서, 분위기 있는 휴식처로서, 즐거움을 제공할 수 있는 공간으로서의 기능을 기본 체제로 인하여 계획되어야 한다.[39]

① 고정적 요소(1차적 요소)

바닥, 벽, 천장, 기둥과 보, 개구부 등의 요소로 나눠 본다.

가. 바닥(Floor)[40]

바닥은 천장과 함께 공간을 구성하는 수평적 요소로서 생활을 지탱하는 가장 기본적인 요소이다. 바닥은 외부로부터 추위와 습기를 차단하고 사람과 물건을 지지하여 생활 장소를 지탱할 수 있어야 하며 신체와 직접 접촉하기에 촉각적으

38 신봉규 · 박재호 공저, 『외식창업실무매뉴얼』, 백산출판사, p.168.
39 박홍, 『주택의 인테리어』, 기문당, 1988, pp.14~17.
40 오인욱, 『실내디자인 개론』, 기문당, 1992, pp.111~113.

로 만족할 수 있는 조건이 구비되어야 한다. 바닥은 고저차가 가능하므로 필요에 따라 공간의 영역을 조정할 수 있도록 한다.

나. 벽(Wall)

벽은 공간을 에워싸는 수직적 요소로 수평 방향을 차단하여 공간을 형성하는 기능과 외부세계에 대한 침입 방어의 기능을 가진다. 벽은 실내공간 요소 중 가장 많은 부분을 차지하므로 의장적으로 가장 중요한 위치에 있으며 벽은 색, 패턴, 질감, 조명 등에 의해 그 분위기가 조절될 수 있고 벽은 가구, 조명 등 실내에 놓이는 설치물에 대한 배경적 요소이다. 현대의 벽은 벽 본래의 기능 외에도 미적인 요소가 가미되어 장식화하는 경향이 있다.

다. 천장(ceiling)

비를 막거나 내부를 따뜻하게 하기 위해 먼저 조성된 것이 지붕이며 다시 이중으로 차단한 것이 천장이다. 일반적인 천장은 수평으로 되어 있지만 시각적 흐름이 최종적으로 멈추는 곳이기에 지각의 느낌에 영향을 준다.[41]

---

41 황정원, 「호텔 레스토랑 실내공간 디자인에 관한 연구」, 홍익대 석사, 1989, pp.26~27.

천장은 실내 환경에 있어서 가장 동적인 디자인의 대상이 될 수 있는 부분이며 천장의 형태는 재료 질감과 함께 실내공간의 음향에 영향을 미친다. 경사진 천장은 실내에 변화와 활기를 주며, 높은 천장은 산만한 반면 웅장하고 시원한 감을 준다. 낮은 천장은 아늑하고 편안한 분위기를 연출하지만 답답한 느낌도 들 수 있다.

라. 기둥(Column)과 보(Beam)

기둥은 의장적으로 입면 구성의 중요한 요소로 건축물의 높이 결정에 큰 영향을 미치며, 기둥의 형태는 시각적으로 수직적 요소가 되어 수평적 요소와 대조를 이룸으로써 입면에 아름다움을 주고 있으며, 구조적인 기둥 자체를 장식화하는 경향이 두드러지게 나타나고 있다.

보는 지지재상에서 옆으로 작용하는 하중을 받치고 있는 구조재이다. 보를 비롯한 공조의 설비 및 조명의 설치를 위해 이들에 수반되는 제반장치는 천장으로 감춰지도록 하는 것이 일반적이다. 실내디자인에 있어 천장 및 보는 조형 계획에 있어 제한적 요소를 작용한다.[42]

42 Edward T. White, Architecural Designers Concept Source Book, 1979, pp.164~166.

마. 개구부

개구부란 벽을 차지하지 않는 부분의 총칭이며, 환기, 조명 등을 위한 창과 사람, 물건 등의 출입을 위한 문으로 구별된다.

이 밖에도 방화상 필요한 배연구, 비상구와 실내 공기의 정화를 위한 환기구와 같은 특수 개구부가 있다.[43]

② 가동적 요소(2차적 요소)

가. 가구(Furniture)[44]

가구는 건축물과 사람 사이의 매개 역할을 해주고 있다. 사용자의 기호와 행위를 고려한 가구의 형상, 배치 등은 시각적 특성과 실내공간의 성격을 규정해 주는 주된 요소이기도 하다. 따라서 하나의 가구를 디자인하는 데에 사용 공간에 따른 목적에 따라 기능적인 면과 미적인 면이 동시에 요구된다. 레스토랑의 가구에는 테이블(Table)과 Seating Counter Top과 Stool이 있으며 이외 수납장 및 Back-Bar, 한국식 가구 등이 있다.

43 오인욱, 『실내디자인 개론』, 기문당, 1992, p.42.
44 한석우, 「국내레스토랑 실내마감재의 사용현황과 색채표현 분석에 관한 연구」,
   중앙대학교, 석사논문, 1996, p.18.

나. 액세서리(Accessories)[45]

기능적인 면에서 그다지 크게 영향을 주지는 않지만 장식적인 면에서 레스토랑의 분위기를 보완하고 나름의 개성을 연출하기 위하여 실내의 품격을 드높이는 시각적 소도구로서의 특질을 갖도록 한다.

액세서리는 레스토랑의 실내 분위기를 생기 있게 연출할 수 있는 실내디자인의 최종 작업으로 액세서리의 적절한 선택은 전체적인 실내공간과의 균형을 고려하여 전체 실내공간의 질서와 통일감을 부여하면서 때로는 악센트(Accent)로서의 기능을 갖기도 한다.

③ 조형적 요소(3차적 요소)

조형미는 단순히 미적 가치가 있는 것만을 추구하는 것이 아니라 오히려 감각에 의하여 추구되는 형식을 통해서 전달된다.

외식업소의 실내는 고객에게 지루함을 주지 않게 여러 가지의 변화와 일정한 규칙으로 반복되는 문양이나 색채로써 실내에 리듬감을 주어야 하며, 각 요소를 강조하면서 전체적으로 균형과 조화를 이루도록 해야 한다.

45 김중근, 「Cafe · 레스토랑의 실내디자인에 관한 연구」, 홍익대학교 석사논문, 1991, p.43.

조형적 요소로서 색채(Color), 문양(Patten), 질감(Texture), 조명(Lighting) 등을 들 수 있다.[46]

가. 색채(Color)

시각적으로 특별히 고려되어야 할 부분으로 모든 색의 인상과 느낌은 그 인접한 색에 따라 변화하며, 색의 주변과 배경이 전체적 효과에 의해 영향을 받는다. 색의 요소로 서로 밀접한 균형을 이루는 색상을 조화라 하고, 두 개의 대립되는 감각의 차이에 일어나는 현상을 대비라 하는데, 실내의 디자인을 돋보이게 하기 위해서는 적절한 대비(색상, 명도, 채도, 동시, 면적, 보색, 한난)를 사용함이 바람직하고 전체적으로 조화를 이루도록 하여야 한다.

또한 색상 등을 고려하고 상감을 변화시킬 수 있는 인공조명의 효과를 무시해서는 안 된다. 인간은 색에 대하여 어느 동물보다 더 매우 민감하여 물리적, 생리적 자극을 받게 된다. 따라서 색채 조절은 종업원의 작업 능률 증진, 위험 방지 등에 직접적으로 큰 영향을 주게 되는 것이다.

46 오도엽, 「레스토랑의 실내환경 평가에 대한 연구」, 중앙대 석사논문. 1988, p.7.

〈그림 3-1〉 색상환

나. 문양(Patten)

선, 형태, 공간, 빛과 색채의 사용으로 만들어지는 패턴은 보통 2차적이거나 3차적인 장식의 질서를 부여하는 배열이다.

패턴이란 실내마감재에 무늬로 프린트되거나 짜 넣은 것을 일반적으로 생각하지만, 어떤 단위화된 재료가 조합될 때 저절로 생기는 것이다. 그런 의미에서는 어떤 공간에도 무엇인가의 패턴이 어떤 효과를 내고 있다고 생각할 수 있을 것이다.

패턴을 선정하는 경우에는 원 모티브의 문제가 대두된다. 물론 모티브는 자연적인 것, 양식화한 것, 추상적인 것 등으로 구분되는데 꽃무늬와 줄무늬와는 전혀 다른 이미지를 공간에 주게 되나, 적절한 모티브가 어떤 것인가를 공간의 제요소와의 균형을 고려하여 판단하지 않으면 안 된다. 현대 실내에서는 단순 명쾌한 모티브를 주조로 하고 있다.[47]

다. 질감(Texture)

질감이란 사물이 가진 표면의 질과 관련된 것이고 그 '질'이란 보거나 만지는 것만이 아니라 기억을 통해서 느낄 수 있는 것이다. 예컨대 화강석의 거칠음, 털 발이 긴 카펫의 부드럽고 푹신하며 따사로움이라든가 판유리가 주는 차고 매끄러운 느낌도 시각이나 촉각을 통하지 않고도 연상할 수 있는 질감 효과인 것이다.[48]

46 오도엽, 「레스토랑의 실내환경 평가에 대한 연구」, 중앙대 석사논문, 1988, p.7.

실내공간의 전체적인 질감은 건축적 배경에 의해서 좌우되는 것이 통상의 예이며, 특히 단일 색상의 실내에 있어서는 질감 대비를 통해 다양한 변화와 드라마틱한 분위기를 연출할 수 있다.

자연물이나 인공물의 표면적 특성으로 이는 재료의 특성에서 비롯되지만 재료 그 자체보다는 재료의 표면을 어떻게 처리했는가에 달렸다. 따라서 동일한 목재라 하더라도 표면처리에 따라 거칠다거나 부드럽다거나 매끈하다는 등의 다른 질감을 얻을 수 있는 것이다.

질감의 종류를 체계적으로 정리할 수 없지만 질감을 표현하는 어휘만큼은 다양하다.

질감은 재료 자체가 지니는 솔직한 표현으로서 같은 재료에서 변화한 다양성을 경험한다는 점에서 매우 흥미롭다.

질감은 촉각에 의해서 뿐 아니라 시각을 통해 감촉을, 질을 감지할 수 있으므로 이의 적절한 사용은 기타의 장식이 없이도 공간에 매우 아름다운 시각적 효과를 줄 수 있다.

- 피부로 느끼는 질감과 눈으로 보는 질감

질감은 서로 연관성이 깊으면서도 다른 두 가지 방법으로 지각된다. 그 하나는 피부에 닿음으로써 느껴지는 촉감에 의한 것이고, 또 하나는 눈으로 봄으로써 느껴지는 시각에 의한 것이다. 우리는 모피를 만지거나 삼베옷을 입거나 바삭거리는 과자를 입에 물 때 그 재료의 질감을 피부로 느낀다.

이러한 많은 감각이 우리의 머릿속에 저장되어 있다가 유사한 표면을 시가적으로 볼 때에 그 느낌을 기억에서 떠올리는 것이다.

시각적인 풍부함을 창조하기 위하여 질감을 사용하는데 평면적으로 보이는 밋밋한 벽면도 표면의 다양성으로 생기를 불러일으킬 수 있다. 즉 벽면 전체를 목재로 전부 마감하기보다는 벽돌이나 벽지를 부분적으로 사용해 변화를 줄 수도 있다.

- 질감과 패턴

질감과 패턴이 혼동되는 경우도 있는데 이는 패턴에 의해서도 질감이 유발되기 때문이다. 그러나 두 개념은 다소 차이가 있는 것이다. 질감은 재료가 지닌 특성에 의해 지각되는 감각이므로 비록 실제로는 촉각적인 질감이 느껴지지 않는 경우에도 촉각적인 질감을 불러일으키는 것을 말한다. 반면 패턴은 특정한 주제의 규칙적인 반복으로 이루어진 것이다.

벽지의 표면에 장미꽃의 패턴이 규칙적으로 프린트되어 있다고 하자. 물론 표면은 아무런 패턴이 없는 무지와는 다르게 느껴질 것이다. 그러나 그 패턴을 보면서 장미꽃이 지닌 촉각적인 질감을 느끼지는 않는다. 따라서 질감과 패턴이 보여주는 시각적인 느낌은 매우 다른 것이지만 양자 모두 표면의 시각적인 풍부함을 표현하기 위하여 사용된다.

질감에 대한 인식은 주로 감각의 느낌에서 비롯되는 것으로 이는 빛과 그늘의 효과에 의해서 거침, 매끄러움, 딱딱함, 부드러움 등 여러 가지 방법으로 보여줄 수 있으며 모든 재료는 표면 상태에 따라 다음 표와 같이 분류할 수 있다. 사람들은 색채와 함께 질감에 대해서도 매우 민감한데 한 공간 내에서는 서로 다른 질감적 특성이 혼합 사용되어 감각의 균형을 맞추는 것이 중요하다.

질감	재료	특성
부드럽고 거친 질감	러그	– 울퉁불퉁한 표면은 빛의 흡수로 실제보다 더 어두워 보이며 그 결과 관찰자에게 근접한 느낌을 준다. – 따뜻한 느낌을 준다.
부드럽고 매끄러운 질감	벨벳, 카펫, 실크, 가죽, 직물류	– 빛의 반사로 광택과 그늘이 표현되어 공간에 윤택한 느낌을 준다. – 딱딱한 표면의 배경하에 사용하면 좋다.
딱딱하고 거친 질감	벽돌, 자연석, 콘크리트	– 강하고 날카로운 질감 효과로 제한된 범위 내에 사용하는 것이 좋으며, 색채의 강조는 더 이상 필요 없다. – 직접광에 의해 효과는 배가 된다. – 부드럽고 거친 질감과 사용하여 대비 효과를 주기도 한다. – 뚜렷한 실감을 주는 돌출된 인상을 완화하기 위하여 매끄러운 질감의 배경이 필요하다.
딱딱하고 매끄러운 질감	대리석, 유리, 금속, 타일	– 차가움과 수수한 느낌을 주므로 부드러운 마감재로 완화시켜야 한다.

표1▷ ▶ 각각 다른 질감의 특성

라. 조명(Lighting)

외식업소의 조명 색조는 조명 방식에 따라 변화하므로 가능한 한 레스토랑을 구성하는 색채와 비슷한 색상의 조명기구를 선택하고 밝고 온화한 안락감을 자아내는 백열등을 사용하는 것이 이상적이다. 또한 각 요소별 조명의 밝기를 고려하여 합리적인 효과를 감안해야 하는데 다음의 자료는 레스토랑의 조명의 기준을 보여 주고 있다.[49]

49 Fred Lawson, Restaurant Planning & Design, Hampshire: Architectectural Press, 1973, p.113

조명은 경제적, 미적인 요소와 관련이 깊으므로 조명의 적절한 용도와 부위별로 필요한 밝기, 조명, 장치의 범위·안전성 여부 등을 신중히 고려할 필요가 있다.

외식업소의 조명은 빛을 단순히 공급하는 역할, 공간을 효과적으로 구성하는 역할 등에도 중요하므로 조명의 색상이나 조명기구의 모양, 형태 등을 고려해야 하며 적절한 공간에 배치하는 것에 주의하여야 한다.

표2▷ ▶ 외식업소와 라운지 조명[50]	
조 건	조명의 타입
벽 조명	간접 조명
차분한 조명	간접이나 반간접 조명
전체 조명	일반적으로 다룸
서비스 조명	반직접 조명
테이블 위의 램프 지역	간접조명

(2) 외식업소의 내부를 구성하고 있는 시각요소

외식업소로 들어오는 도입부분 또는 입구에서 관찰되는 시각적 요소, 음식 서비스를 받기 위해 안내되어 식탁에 앉아 음식을 기다리며 접하게 되는 시각적 요

50 Fred Lawson, Restaurant Planning & Design, Hampshire: Architectectural Press, 1973, p.114.

소로 나눠 볼 수 있다.

　내부를 구성하는 시각적 요소는 리셉션(reception), 코트룸(coat room) 손님 대기실(waiting room), 화장실, 계산대, 내부의 공간 안내(유도표시), 각종 기구, 창, 실내 섬유 및 직물, 소품 및 액세서리, 실내조경 식물, 정보 전달의 목적으로 문자 또는 그림으로 기호화된 각종 사인, 회화, 조각 등의 미술품, 조명 등이 실내의 시각적인 요소 중 대표적이다.[51]

① 손님 대기실(waiting room)

고급스러운 양식당의 경우 고객이 레스토랑에 도착하면 메트로 디(Maitre D'Hotel), 또는 그리팅 퍼슨(Greeting Person)으로부터 영접과 안내를 받는다. 그리고 예약 여부에 따라 식탁, 또는 웨이팅 룸으로 안내되기도 한다.

　규모나 내용은 그 식당의 방침이나 설정에 의하지만, 출입구 부근에 몇 개의 의자를 놓는 정도의 간단한 것부터, 깔끔하게 꾸며 놓은 곳도 있다.

　일반적으로 이 부분의 시각적 요소로는 각종 잡지와 주간지, 그림, 조각, 소품 등으로 장식되어 있다. 벽 처리, 바닥처리, 의자, 조명처리, 재떨이, 탁자 등이 시각적인 요소들이다.

경우에 따라 안내 데스크가 있는데 그 경우 안내 데스크 자체와 예약 장부, 그리고 종업원의 유니폼 및 외모 등이 시각적 요소가 된다.

② 계산대

일반적으로 식당의 출입구 가까운 부근에 있으며, 계산과 안내를 한다. 규모가 큰 요리점에서는 손님의 코트나 물건을 맡아 주는 룸을 두는 일이 많다.

이 부분의 시각적 요소로는 계산기, 전화기, 종업원의 외모와 복장, 종이냅킨, 메모지, 꽃병, 명함 등이 있다.

③ 화장실

후각, 촉각, 청각, 시각 등이 평가의 대상이 되는 화장실을 자체적으로 사용하는 경우와 공동으로 사용하는 경우, 남녀구별과 공동사용, 그리고 화장실이 식당 내부에 있는 경우와 외부에 있는 경우로 나누어진다.

화장실은 식당의 규모, 수준, 영업 내용, 위치한 건물 등에 따라서 그 크기와 시설이 다르다. 그러나 화장실은 고객이 특정 외식업소에 대한 시각적인 이미지를 평가하는 데 절대적인 영향을 미친다는 사실을 주지하여야 한다.

화장실의 내부를 구성하는 시각적인 요소들은 화장실 입구의 문, 화장실 자체의 청결성, 변기, 소변기, 휴지, 거울, 타월, 종이타월, 휴지통, 비누, 화장실의 바닥과 벽, 창, 벽, 조명기구, 조명, 장식용 꽃, 방향기, 재떨이 등이 있다.

④ 가구

일반적으로 식탁과 의자, 음식을 나르는 카트, 서비스 스테이션(service station), 그리고 장식용 가구 등을 말한다.

가. 식탁과 의자

식탁과 의자는 기능, 크기, 용도, 공간의 성격, 가구배치, 디자인 등에 따라 그 구조, 형태, 크기, 재질 등이 매우 다르다.

일반적으로 유지상태, 컬러, 크기, 배열 등이 시각적인 평가대상이 된다.

나. 서비스 스테이션(service station)

빠른 시간 내에 빈 식탁을 다시 세팅하기 위해 필요로 하는 식탁 위에 올라가는 것들과 메뉴나 재떨이, 쟁반, 등을 보관하는 가구이다.

일반적으로 정리정돈 상태, 모양과 재질, 컬러, 그리고 그 위치 등이 평가의 대상이 된다.

다. 파티션

객석과 객석 사이를 막는 것이 있고, 객석에 안정감이나 분위기를 조성하는 칸막이 기능이 있다. 이 밖에도 주방 부분, 카운터, 화장실, 통로 등에 설치하는 일이 많다.

이 부분의 시각적인 평가요소는 위치, 높이와 크기, 재질, 모양 디자인 등이 된다.

⑤ 개구부(Opening)

일반적으로 말하는 개구부란 창, 문, 통로 공간 등을 말한다.

개구부의 경우 주어진 조건에서 시각적으로 평가되는 요소는 창문과 출입문의 위치와 조화 및 위치, 계단과 홀의 연결, 문과 창의 디자인과 마감재료, 문양 유지 관리 상태 등이 된다.

⑥ 조명

점포 조명에서 디자인 테크닉의 분류는 보이기 위한 시각적 빛과 느낌이 들기 위한 심미안적 빛, 그리고 생각하게 하는 관념적인 빛으로 나눌 수 있다.

조명기구는 여러 가지 분류가 가능하나, 유선 그것이 부착되는 위치와 조명 역할에 따라 세 가지로 나누어진다.[52][53]

첫째, 천장 조명으로 이루어지며, 식당 내부 전체가 요구하는 조도의 수준을 위해 균질화된 밝기를 만드는 전반조명을 말한다.

둘째, 스포트라이트와 같은 방법으로 특별한 대상과 공간을 집양적으로 조사하는 국부조명이 있다.

셋째, 빛의 표현적 양상뿐만 아니라 조명기구 자체가 심미적 성향을 강조하는 형식의 장식조명이 있다.

조명은 실내 생활의 원활한 기능을 발휘하기 위한 절대 요소이며, 동시에 중요

52 Mary Gillitt 저, 한혜련 역, 『주택실내연출』, 1995.
53 손동규 · 이영준 편저, 『실내디자인』, 도서출판 갑을, 1995.

한 장식적 요소이다.[54]

    평가대상은 조도와 같은 환경적 성능, 음영과 같은 표현적 속성, 유지관리 상태 등이다.

가. 빛의 성질에 따른 분류

㉠ 광원색: 광원 또는 발광체로부터 오는 빛의 파장

㉡ 물체색: 물리적인 물체에 반사되어 보이는 빛의 파장

㉢ 투과색: 물체를 투과하여 보이는 빛의 파장

나. 빛의 스펙트럼

㉠ 적외선: 빛의 파장 중 780nm 이상의 파장으로 파장의 길이가 길다.

㉡ 가시광선: 빛의 파장 중 380nm에서 780nm 사이로 눈으로 지각되는 범위를 말하며 인간의 눈에 보이는 모든 색이 나타나는 파장 범위를 포함한다.

㉢ 빛의 파장 중 380nm 이하의 파장으로 파장의 길이가 짧은 지역을 말한다.

54 메리진 알렉산더 저, 유영배 역, 『실내환경디자인』, 디자인하우스, 1997.

다. 색온도

㉠ 빛의 색을 측정하고 표현하기 위한 수단이다.

㉡ 색온도를 일정한 수치로 규정하여 색채측정, 검사, 표기를 위해 CIE에서 정확히 해놓은 표준광원이 있다.

㉢ 색온도의 단위는 캘빈온도(K)로 표기하며, ○○○○캘빈 또는 ○○○○도 캘빈으로 읽으며 K=-273℃이다.

㉣ 흑체, 백열등처럼 달구어져 빛을 내는 광원은 흑체의 색온도로 구분하고, 열광원이 아닌 일반 형광등은 상광색온도로 구분한다.

라. 표준광원

표준광원은 표준광을 실현하기 위해 CIE에서 규정한 인공광원이다.

㉠ 표준광원 A: 색온도가 2,856K가 되는 텅스텐 전구의 빛이다.

㉡ 표현광원 B: 상광색온도를 약 4,874K로 조절한 광원으로 잘 사용되지 않는다.

㉢ 표준광원 C: 상관색온도를 6,774K로 조절한 광원은 표준광 C와 가장 비슷하다.

ⓡ 표준광원 D: 임의로 정확성을 기하기 상관색온도를 맞춘 광원으로 D50, D65, D70, D75가 있다.

숫자는 색온도를 011단위로 표기한 수치이다. 유안검색 등 활용이 많으며 형광색료의 측정에도 좋다.

ⓜ 표준광원 F: 형광등의 색온도를 표기하기 위한 것으로 F1~F13까지 있다. F2는 상관색 온도가 4,230K인 백색형광등, F8은 상관색온도가 5,000K, F11은 상관색 온도가 4,000K인 삼파장 등이다.

마. 광원에 따른 색채 효과

㉠ 백열등: 2,055~3,000K 색온도의 등으로 전력소모가 많다. 노란색의 따뜻한 분위기를 연출하므로 식료품 매장, 카페 등에 적합하다.

㉡ 할로겐등: 불활성 가스와 할로겐을 첨가한 백열등으로 연색성이 우수하여 전시물의 조명에 적합하다.

㉢ 고압 방전등: 고압 수은등, HID등, 고압 나트륨등이 있으며 외벽조명, 정원, 공항, 경기조명, 분수 등에 사용된다.

⑦ 의장요소

실내를 구성하는 여러 요소 중 시각적인 효과를 강조하는 장식적인 오브제 (object)를 말한다.

가. 실내 섬유 및 직물

일반적으로 한식당의 섬유물은 창문의 커튼, 의자의 쿠션, 식탁의 냅킨, 의자의 커버, 방석, 앞치마, 물수건, 칸막이 등이 있다.

일반적으로 실내섬유 및 직물로 만들어지는 의장요소에 대한 평가기준은 기능성과 심미성 등이다.

보다 구체적으로는 전체적인 조화, 컬러, 유지관리상태, 모양, 형태, 크기, 청결성 등이다.

나. 소품 및 액세서리[55]

조각, 수석 등과 같은 감상용 장식품과 계절감이나 외식업소의 분위기를 더욱 고조시키는 소품들이 있다.

<hr>

55 황선옥, 『실내디자인총론』, 세진사, 1996, p.107.

이와 같은 요소들의 평가기준은 진열상태와 그 위치, 유지관리상태 등이다.

다. 실내 식물 및 자연적 요소[56]

바닥과 화분, 벽 등에 장식용으로 관리되고 있는 실내 식물 및 자연적 요소를 말한다. 예를 들어 바닥에 있는 관목과 교목, 화분에 심어져 있는 화초와 분재, 벽에 걸려 있는 덩굴성 식물 등이 이에 속한다.

라. 미술품

일반적으로 벽면에 걸리는 그림과 글씨 등을 말한다. 벽에 걸리는 동양화와 서양화, 사진 등이 일반적인 시각적 요소이다. 이 요소들의 평가기준은 가치, 유지관리상태, 진열상태 등이 된다.

⑧ 사인요소

인테리어디자인에서는 정보 전달의 목적으로 문자 또는 그림으로 기호화된 각종 사인을 필요로 한다.

56 강무근 · 최주호 · 우문호, 『외식산업론』, 학문사, p.114.

일반적으로 서비스 영역에서 접할 수 있는 사인은 건물 내·외부의 간판을 비롯한 사인 시스템, POP(각종 광고물), 외식업소를 상징하는 상징물(맥도널드 피에로 아저씨, KFC 할아버지), 인쇄물, 의상 등에서이다.

로고타입, 심벌마크, 심벌컬러, 스토어 타입페이스 등과 같은 CIP의 기본 체제를 고려하여 색채, 재료, 기본형상, 패턴, 문자, 기호, 마크 등이 통합되어야 한다.

⑨ 종업원

외식업소에서 고객이 제일 먼저 접하는 사람은 종업원이며, 가장 많이 접하는 것도 종업원이다. 그래서 종업원을 움직이는 광고판이라고 말한다.

외식업소에서 관찰되는 종업원과 직접적으로 관계되는 시각적인 요소는 첫째, 종업원들이 착용하고 있는 유니폼이다. 둘째는 그들의 행동이다. 예를 들어 걸어다니는 모습에서부터 음식을 제공하는 모습, 빈 그릇을 치우는 모습에 이르기까지 고객에 의해 관찰되는 모습들이다. 그리고 종업원의 행동과 태도는 무형적이긴 하지만 시각적으로 관찰되는 아주 중요한 시각적인 요소이다. 그렇기 때문에 시각적인 유형의 요소보다 더 중요한 평가의 대상이 된다.

⑩ 식탁 위(Table Top)[57]

아름답게 장식된 식탁은 고객을 우선 시각적으로 감동시킨다. 감촉(texture), 온도(temperature), 색상(color) 그리고 서로가 어우러져 조화를 이루는 전체적인 분위기에 고객은 감동한다.

일반적으로 식탁 위(table top)에 올라오는 기물들을 테이블 웨어(table ware), 글라스 웨어(glass ware), 커트레리(cutlery), 린넨(linen)으로 크게 나누기도 하고, 유리제품(glass ware), 은기제품(silver ware), 테이블 린넨(table ware) 등으로 나누기도 한다.[58]

테이블 웨어의 경우 고객은 촉각과 시각적인 면을 평가하게 된다. 손으로 만지는 촉감, 그리고 눈으로 평가하는 그릇의 외형적인 것들, 즉 관리유지 상태, 모양, 컬러, 문양, 다른 그릇과의 조화 등과 같은 것들을 말한다.

양식의 경우 포크와 나이프, 그리고 스푼이 가장 기본적인 커트레리이다. 그 크기와 모양에 따라 메인용, 전채용, 디저트용 등으로 나눠지며, 스푼의 경우도 마찬가지다. 그러나 한식의 경우 사용하는 커트레리는 수저와 젓가락이다.[59]

린넨류의 대표적인 것은 테이블 크로스이며, 테이블 크로스를 보호하기 위한 탑 크로스, 식탁보에 변화를 주고 싶거나 화려한 분위기 연출을 위해 사용되는 러

57 조은정, 「한식당 식공간의 시각적 요소의 중요도와 성과도 평가에 관한 연구」, 경기대학교 관광전문대학원 석사논문, 2000.
58 오정환, 「호텔 케이터링 개론」, 남영문화사, 1981.
59 김혜영 외 공저, 「문화와 식생활」, 효일문화사, 1998.

너, 식사하는 사람 각자의 앞에 까는 개인용 매트(mat), 냅킨 등이 가장 일반적으로 사용되는 시각적으로 평가할 수 있는 린넨류이다.

위의 요소들이 모여 외식업소의 전체적인 분위기와 이미지를 형성한다.

(3) 음식을 구성하고 있는 시각요소

음식은 외식업소의 대표적인 상품이다.

보기 좋은 떡이 먹기 좋다는 말이 있듯이 음식이 담겨 나오는 모양과 식기 등 주 상품을 더욱 돋보일 수 있게 하는 코디네이션이 부각되고 있다.

같은 음식이라도 모양과 색깔에 따라서 입맛을 더 당기기도 하고, 그렇지 않게 하기도 하다. 또한 담아내는 그릇도 중요한 역할을 한다. 음식의 색은 기호 가치를 높이고, 풍미를 증가시키고 식욕을 돋워 준다. 특히 특정 음식에 대한 시각적인 배려는 먹는 이로 하여금 음식을 더 맛깔스럽게 느끼게 하기 때문에 시각에 중점을 둔 맛의 연출을 대단히 중요하다.[60]

음식 자체를 평가하는 것으로는 다음과 같다.[61]

· 온도―뜨거운 것은 뜨겁게, 찬 것은 찬 상태로 서빙되는가, 코스와 코스 간의

[60] 조은정, 「한식당 식공간의 시각적 요소의 중요도와 성과도 평가에 관한 연구」, 경기대학교 관광전문대학원 석사논문, 2000.
[61] 강무근 · 최주호 · 우문호, 『외식산업론』, 학문사, p.117.

서빙 시간은 적절한가.

· 식재료-신선한 식재료인가, 기타 편의식품을 이용하여 만들었는가.

· 외형-음식을 그릇에 담은 모양이 매력적인가, 담긴 음식이 조화를 잘 이루고 있는가. 신선한 식재료이며, 매력적이고, 균형을 잘 이루고 있는가.

· 주문에 의한 조리-주문 시점에 조리하는가, 아니면 사전에 조리하여 보관한 후 서빙하는가.

· 맛-외형, 냄새 그리고 입에서 느끼는 감각 등을 고려한 후 정말로 음식이 맛이 있다고 느끼는가.

음식의 이미지 결정요인은 음식의 맛, 냄새, 색상, 온도, 느낌, 부드러움, 연함, 영양, 품질, 준비 정도, 서비스 방식, 깨끗함, 신선함으로 나눠 볼 수 있다.

외식업소를 평가하는 데 선택되는 변수 중 음식의 요인으로 음식의 질, 양, 영양가와 균형, 맛, 아로마, 색, 온도, 질감, 그릇에 담긴 모양, 청결, 일관성, 사용한 식재료의 질 등이라고 하였다.

음식을 평가 또는 선택하는 데 이용되는 시각적 요소들을 위의 내용에서 정리해보면 음식의 자체의 모양, 색, 그릇에 담긴 모양 및 조화, 눈으로 봤을 때 보이는 신선도, 음식의 조리방식에 따라 기대되는 색, 익힌 정도에서 오는 음식의 색과 모양 등이다.

일식 이즈미 간판 ◀▽

노랑저고리
델리
사워에 보리밥
Mr.Pizza
강남역점 1577-0077
Mr.Pizza
DESSERT FACTORY
SERT
FACTORY
노랑저고리
타임빌딩
델리
미스터피자
강남19점
1577-0077
재
피
7F
성형외과
IL MARE

강남의 랜드마크 2
鮮味樂 청키면
BANDI & LUNI'S
BOOK STORE
Saboten
일식돈까스
방배 고운세상피부과 의원
스시 & 씨푸드 뷔페
SM 마리스꼬
유황오리 전통구이
오리와 참게
불고기 브라더스
한국식 바베큐 레스토랑
日式 방배점
이즈미
PARTYER ZONE
그릴 카페 파티에 존

▷ ▶ 일마레 간판

△ ▼ 건물 외관 사인물 3

164

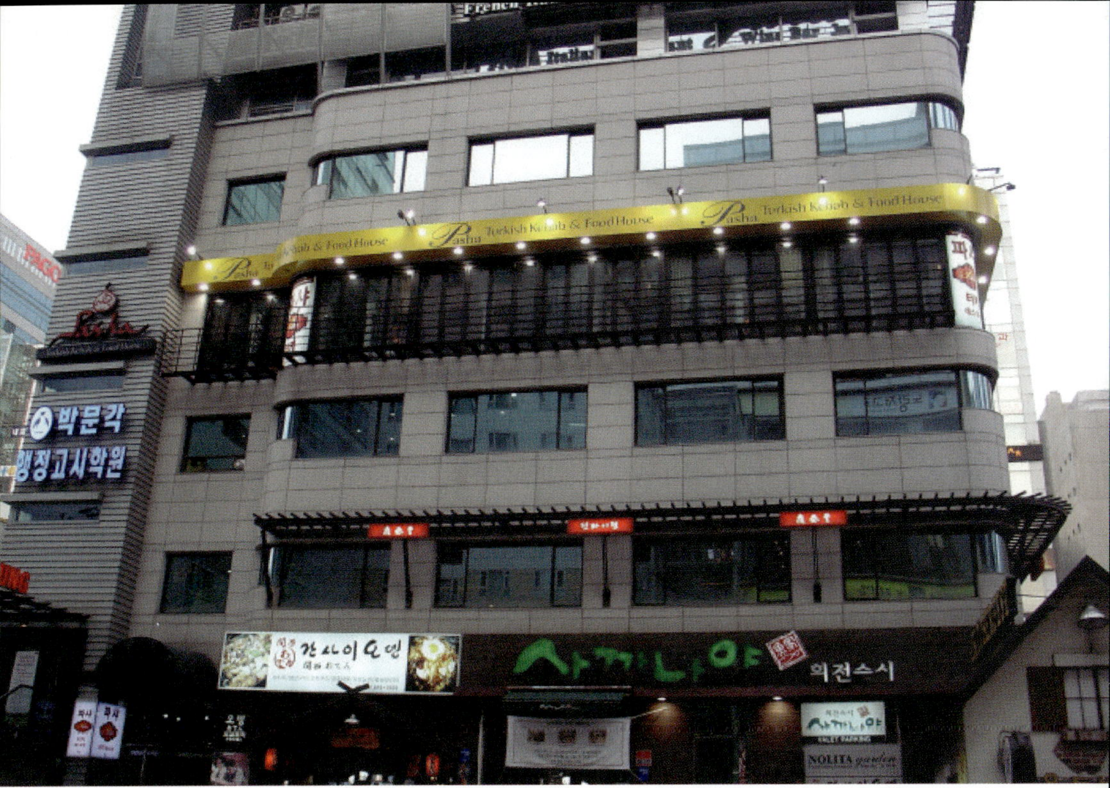

Pasha Turkish Kebab & Food House
박문각
행정고시학원
사까나야
회전스시

ラーメン
IZAKAYA
Puzzle

▽ ▶ 건물 외관 사인물 4

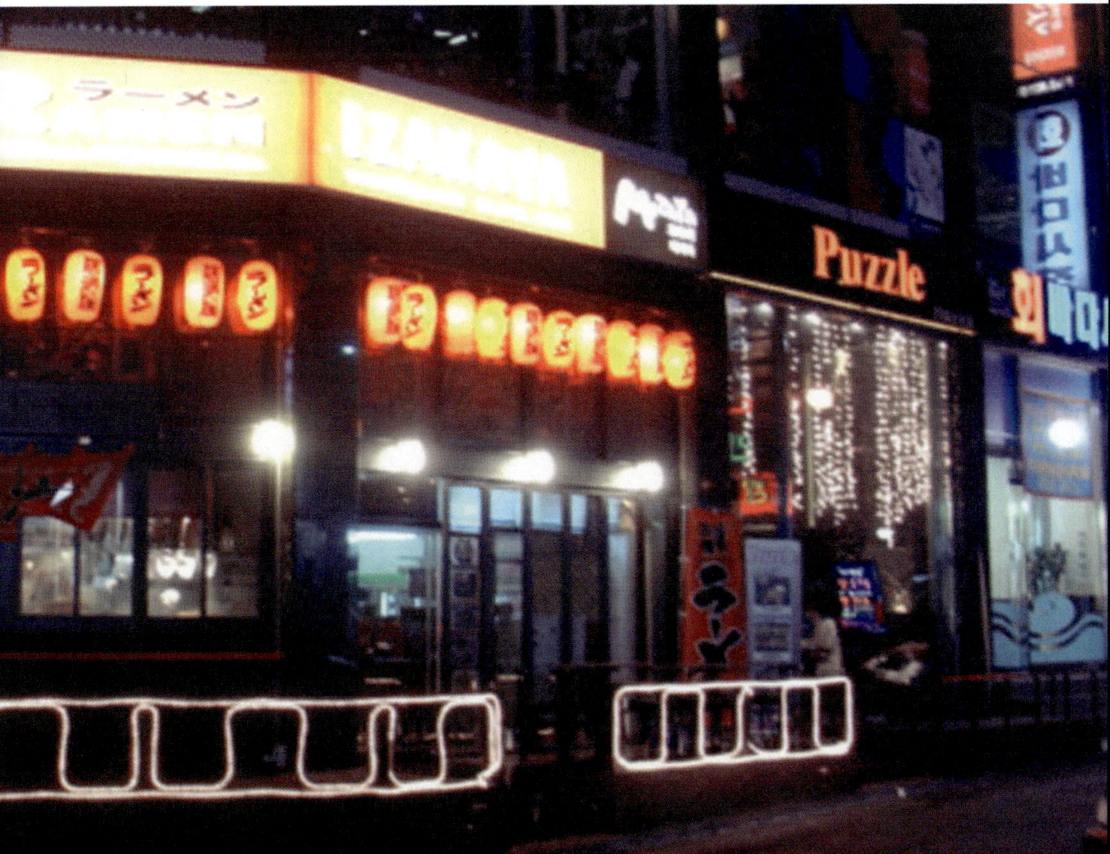

고객을 한눈에 사로잡는 상업공간의 VMD 디자인 마케팅 :: 개정판

PART 4

::

실내 마감재와 디자인요소

1. 바닥재 ::

:: 매장 인테리어에 있어서 바닥을 어떻게 꾸밀 것인가 하는 문제는 매우 중요하다. 매장 분위기 연출뿐만 아니라 기능적인 측면이 고려되어야 하기 때문이다. 무궁무진한 바닥재 가운데 매장에 가장 잘 어울리는 소재를 찾는 것도 성공 사업의 첫걸음이 될 수 있다.

투명한 유리, 포근함을 느끼는 나무, 깔끔한 대리석 등 다양한 바닥 마감재가 주는 느낌은 매장을 다양한 분위기로 연출할 수 있고, 바닥 마감재의 특징을 잘 파악하고 업종에 적합한 바닥 마감재를 선택해야 한다. 인테리어에서 바닥재의 선택은 그래서 중요하다. 게다가 조명이나 가구, 집기 등 다른 매장 인테리어와 비교해 바닥은 하자가 발생할 경우 그것을 바로잡거나 보수하기가 상당히 어렵다.

바닥 시공이 잘못되었거나 원래 의도와 큰 차이를 보였다면 바닥 전체를 완전히 뜯어내고 재시공해야 한다.

그 불편이란 이루 말할 수 없다. 또 바닥 일부분이 마모되거나 파손되어 교체해야 할 때도 기존바닥과 새로 꾸며진 바닥의 색 바램이나 재질이 주는 느낌 차이 때문에 바닥의 전체적인 조화가 깨질 수도 있다. 결국 철저한 계획 없이 진행된 바닥 시공은 비용과 시간의 낭비를 초래하는 결과를 불러오며 영업손실로 이어질 수도 있다. 결론적으로 바닥 인테리어는 그 면적이 넓은 만큼 타 인테리어에 비해 신중한 선택이 필요하다.

◇ 비 탄성재: 타일, 석재, 벽돌, 점토 등의 광물재
① 마모에 강하여 내·외장에 두루 사용한다.
② 여러 패턴으로 다양한 디자인할 수 있다.
③ 습식공사로 공사기간이 다소 걸린다.
④ 부드럽고 일률적이지만 경목재와 같은 정도로 표면이 탄력적이고 방수 능력이 뛰어나며, 움푹 파이지 않고, 마모에 강하며 먼지가 끼지 않고 벌레가 먹지 않는다.

(1) 타일

타일은 점토 또는 암석의 분말을 성형한 후 소성하여 만든 박판제품(薄板製品)을 총칭하는 것이다. 보통 타일은 도기질타일(ceramic tile)을 의미하며, 함수규산반토(含水硅酸礬土)를 주성분으로 하는 점토에 규석(硅石), 장석(長石), 석회석

(石灰石) 등의 미분을 가하여 소지재로 성형, 건조, 소성한 것이다.

수분 흡수율에 따라 자기질, 석기질, 도기질 등으로 나뉘며 용도에 따라 내장, 외장, 바닥 타일 등으로 분류된다. 타일은 물을 많이 사용하는 곳에 적합하다. 화려하고 선명한 색상 때문에 타일을 이용한 데코레이션이 증가하고 있어 타일의 기능적 측면뿐만 아니라 미적인 측면에 초점이 맞춰지는 추세다. 타일은 크기가 큰 것이 고급스러운 느낌이 들지만 조그만 타일을 이용해 재미있는 패턴을 만드는 것도 좋은 방법이다. 내·외부 바닥에 사용하며 성분은 외장타일과 거의 동일하다.

타일의 두께가 두껍고 미끄럼방지를 위해 유약을 사용하지 않는 타일이 많다. 마모계수가 높은 면의 표면은 요철부분이 많은 것을 산정하는 것이 바람직하다.

모듈형의 세라믹 바닥재는 대부분 정사각형, 직사각형, 육각형 모양으로 이용된다. 표면적이 비교적 작은 포장용 타일은 단일 형태의 구운 복합 점토 또는 점토와 다른 세라믹 재료를 섞은 것으로 만들며, 유약을 바르거나 바르지 않는 것이 쓰인다.

유약을 바른 타일은 비유리질(7% 이상의 수분 흡수)에서부터 불침투성(5% 이하의 수분 흡수)에 이르기까지의 수분 흡수성에 의해 규정되는 불침투성 표면 처리가 되어 있다. 타일을 구운 후에 표면을 유약을 바르기 때문에, 유약을 바른 타일은 여러 가지 다양한 색깔로 만들 수 있다. 유약이 마모되는 경향이 있긴 하지만, 여러 가지 유약을 바른 타일은 보통 임차 기간까지 지속된다.

유약을 바르지 않는 타일은 그것이 만들어진 재료 자체에서 색을 얻는다. 유약을 바르지 않는 타일의 색과 표면은 동일하며, 이들 타일은 표면이 깨질 정도로 마모되지 않기 때문에 내구성이 매우 강하다. 그것은 유약을 바른 타일과 동일한 범위의 수분 흡수도를 가진다. 유약을 바르지 않은 네모난 타일은 천연의 흙 색깔의 점토로 만들어진 바닥 포장타일이다. 그러나 그것은 기름에 쉽게 더러워지므로 처음 사용하기 전에 왁스, 타일봉합재 또는 유성 세제를 발라야 한다.

타일 선정 시 주의할 점은 타일은 대형일수록 치수 차가 크고 모양이 뒤틀리거나 우그러진 것이 많고 저급품일수록 표면에 흠이 많다. 그러므로 타일을 선정할 때는 타일의 종류, 등급, 형상, 치수, 소지표면의 상태, 광택 등을 자세히 살펴, 시방서의 내용과 동일한 제품인지를 확인한다.

바닥에 쓰이는 타일은 두께가 두껍고 미끄럼방지를 위해 유약을 사용하지 않는 타일이 많다. 또한 흡수성이 거의 없고 경질이며 내마모성이 큰 자기질이나 석기질이 사용된다.

최고 25mm×25mm까지의 타일이 유닛화하여 출품되며 두께는 4~8mm이다.

정사각형, 정사각형과 직사각형의 혼합형, 직사각형, 원형 및 타원형이 있으며 모두 자기질이고 시공이 용이하나 강도가 낮다.

타일의 치수는 200×200, 300×300, 400×400, 450×450, 500×500이 많이 사용하는 사이즈이다.

① 타일 시공법[62]

타일의 붙임공법을 대별하면 떠붙임공법, 압착공법, 밀착공법, 이들 공법을 개량한 개량 떠붙임공법 및 접착제압착공법이 있다.

가. 떠붙임공법: 타일 뒷면에 붙임용 모르타르를 바른 후 바탕 면에 타일을 눌러 붙이는 공법이며 일반적으로 사용된다.

나. 압착공법: 바탕에 붙임용 모르타르를 먼저 바르고 그 위에 타일을 눌러 붙이는 공법이다.

다. 밀착공법: 타일붙임용 기계공구인 바이브레이터를 사용하여 타일에 충격

62 임긍환 외 3인 공저, 『실내건축 재료학』, 도서출판 서우, 2002.

을 주어 접착하는 공법이다.

라. 개량 떠붙임공법: 바탕에 얇게 바탕 모르타르를 바르고 타일의 뒷면에도 붙임용 모르타르를 얇게 발라 바탕에 눌러 붙이는 공법이다.

마. 접착제압착공법: 압착공법에 사용하는 시멘트 모르타르 대신에 유기질 접착제를 사용하는 공법이다.

[용어해설]

◇ 내화점토(耐火粘土)

내화벽돌쌓기 · 단열처리에 사용되는 내화성이 있는 흙으로 규조토와 탄층의 하반(下盤)에서 산출되는 흙을 사용한다.

◇ 자기(磁器)

점토, 석영, 장석 등을 원료로 사용하여 적당한 비율을 혼합한 다음, 높은 온도로 가영하여 유리화될 때까지 충분히 구워서 굳힌 것이다. 대개 흰색의 유리질로서 반투명이며, 흡수성이 없고, 기계적 강도가 크다.

◇ 석기(石器)

석암점토를 원료로 한 것으로 유색불투명이며, 흡수율이 적고 경도가 크다. 식염(食鹽)유약을 후면에 칠하여 소성하면 광택이 생기고 방수성도 증가하며 견고해진다.

(2) 석재

깨끗하고 모던한 이미지를 주는 화강석과 대리석은 고급스러운 분위기 연출에 적합하다. 유지 관리가 비교적 용이하지만 차가운 질감과 고가라는 단점이 있다.

매장에서 석재의 사용은 제한되어 있다. 비록 이런 자재들이 대부분 임대 기간 이상까지 깔끔하게 지속되긴 하지만, 값이 비싸므로 대부분은 바닥이 움푹 팬 곳에 사용해야 한다. 만약 바닥이 현관과 같이 가끔 물에 젖는 곳이라면, 거친 마감재를 사용하는 것이 안전도를 높여줄 것이다. 광택이 있는 화강암이나 대리석을 사용할 때, 또 다른 결점은 밟고 지나갈 때, 긁힐 수 있다는 점이다. 천연 원석 바닦은 고급 이미지와 내구성 있는 표면을 제공한다.

① 석재의 장점

가. 불연성이고 압축강도가 크다.

나. 내수성, 내구성, 내화학성이 풍부하고 내마모성이 크다.

다. 종류가 다양하고 동일 종류의 석재라도 산지나 조직에 따라 각각 다른 외관
과 색조를 나타낸다.

라. 장중하고 조직이 치밀한 것은 연마하면 광택이 난다.

② 석재의 단점

가. 거의 모든 석재가 비중이 크고 가공성이 나쁘다.

나. 인장강도는 압축강도의 1/20~1/40 내외로 작으며, 취도계수(醉倒係數)[63]가
크다.

다. 화열에 닿으면 화강암 등은 석영분의 팽창으로 균열이 생기거나 파괴되며,
석회암이나 대리석 등은 강도의 저하를 가져온다.

③ 석재의 분류

석재는 암석을 소요의 형상으로 잘라낸 것으로 다음과 같이 분류할 수 있다.

가. 형상에 의한 분류

시장품 석재라고도 하며, 잡석(호박돌), 간사, 각석, 사고석, 판돌, 구들장 등이 있다.

나. 용도에 의한 분류

실내외 마감용과 구조용 석재로 대분류되며 그 용도는 다음과 같다.

㉠ 마감용

외장용: 화강암, 안산암, 점판암

내장용: 대리석, 사문암, 화강암

㉡ 구조용

화강암, 안산암

④ 대표적인 석재의 특성[64]

가. 화강암

화강암은 쑥돌이라고도 불리며 그 질이 단단하고 내구성 및 강도가 크다. 또한 외관이 수려하고 절리의 간격이 비교적 커서 큰 판재를 생산할 수 있는 장점이 있으나 내화도가 낮은 단점을 갖고 있다. 화강암은 대리석을 비롯한 다른 석재와 비교히여 흡수성이 젹고 압축강도가 높아 아치, 토대, 기둥, 실·내외 마감재로 널리 사용된다. 국내에서도 우수한 화강암이 많이 생산되고 있으며 최근에는 중국산의 수입이 급증하는 추세에 있다.

나. 사암

암석의 붕괴에 의하여 생긴 모래, 자갈이 외부의 압력을 받아 경화 생성된 암석으로 다소 거친 독특한 질감과 무늬 및 색상을 갖고 있다. 함유광물의 성분에 따라 암석의 질, 내구성, 흡수율, 강도에 현저한 차이가 있으며, 실내장식용으로는 연질의 것을 사용하고 표면을 연마하지 않은 쪼갠 상태로 그대로 사용한다.

다. 점판암

점토분이 지압과 지열을 받아 응고 생성된 것으로 층상으로 되어 있어 얇은 판으로 채취할 수 있다. 천연슬레이트라고도 하며, 흡수성이 적어 기와대용 지붕재나 타일대용 바닥재로 사용된다.

라. 석회암

주성분은 탄산석회로 석질은 치밀하나 내산성, 내화성이 부족하고 내후성이 낮다. 주로 시멘트의 원료로 사용되지만 입자가 곱고 색상이 부드러운 일부의 것은 실내외 장식재로 사용한다.

마. 대리석

석회암이 변화되어 결정화한 것으로 조직이 치밀, 견고하고 색채와 반점이 아름답다.

표면을 연마하면 광택이 나며 산과 역에 약한 것이 단점이다. 주로 실내장식재로 사용되며 국내산으로는 강원도 정선석 및 충북산 백석이 유명하다.

(3) 테라조

테라조는 시멘트나 수지 바탕에 석재 부스러기(흔히 대리석이 쓰이며, 화강암도 많이 쓰인다)를 혼합한 것으로, 잘라낸 부분, 바탕부분, 광택 부분으로 구분된다. 그것은 얇게 부착될 수 있는 내구성이 강하고 유지 관리하는 데 많은 신경을 쓰지 않아도 되는 바닥재이다. 석재 부스러기, 바탕재 그리고 구분시키는 줄눈이 다양한 색깔로 사용되어 여러 가지 디자인을 가능하게 한다. 비용은 세라믹 타일보다 많이 들며, 세라믹 타일처럼 견고하고 내구성이 있는 보행공간을 제공한다.

(4) 목재료: 플로링, 합판

나무의 결과 질감은 자연 친화적인 느낌이 들며 포근한 분위기 연출에 주로 사용된다. 나무를 소재로 만든 바닥재는 색상, 무늬, 질감 등이 우수한 반면 가격이 비싸다는 단점이 있다.

목재류는 천연 자재의 따뜻함과 화려함, 훌륭한 내구성 등을 제공하며 가격이 합리적이다. 카펫과는 달리 방음은 되지 않지만, 목재 바닥의 발소리는 종종 점포 내에 활동감과 흥분을 자아내기 때문에 장난감이나 스포츠 기구를 판매하는 가맹점에 쓸 수 있다.

목재는 소량의 탄성이 있다고 생각되므로 세라믹이나 다른 비탄성 자재보다 더 안락한 발의 촉감을 제공하지만 높은 유지비가 필요하다. 지표면보다 높은 콘크리트 마루에 사용 가능하나, 수증기가 잘 차단될 때 일부 지표면 이하에서도 사용할 수 있다. 중·고급레스토랑에 적당하며 충격을 받아도 잘 패이지 않으며 물에 약하므로 내장재로 주로 사용한다.

목재류는 나무 띠, 널 또는 조각타일(Parquet Tiles)로 되어 있다. 사용되는 종류에 따라 나무 바닥재는 콘크리트 바닥에 본드로 붙이거나, 아니면 나무로 만든 애벌바닥에다 못을 친다. 매장에서 구매하였을 시 좀 더 내구성이 있는 티크와 월넛은 일반적인 매장에서는 비용이 많이 든다. 또한 건식공법이 사용된다.

무늬가 아름다운 참나무, 단풍나무, 미송 등을 이용, 인공건조한 판재로 만든 제품으로 규격 및 가공방법에 따라 플로링 보드(flooring board), 플로링 블록(flooring block), 쪽매널(wood mosaic), 파키트리 보드(parquetry board), 파키트리 패널(parquetry panel), 파키트리 블록(parquetry block)으로 구분한다.

① 플로링 보드(flooring board)

재질이 굳고 무늬가 아름다운 참나무, 미송, 단풍나무 등을 사용하여 만든 판재를 표면은 상대패 마감하고 양 측면을 제혀쪽매로[65] 하여 접합을 편리하게 한 것

[65] 제혀쪽매: 판재나 널판에서 한쪽 측면에 홈을 파고 다른 쪽 측면에 내밈(혀)을 만들어, 여러 개의 판재나 널판을 접합하는 방법.

으로 두께 9mm, 너비 60mm, 길이 600mm 정도가 많이 사용된다.

② 플로링 블록(flooring block)

플로링 길이를 그 너비의 정수배로 하여 3장 또는 5장씩 붙여서 정사각형으로 만든 것으로 4면을 제혀쪽매로 가공한다.

③ 쪽매널(wood mosaic)

무늬가 아름다운 참나무, 자단, 흑단, 느티나무 등을 작게 모양을 내서 잘라 맞춘 것으로 마룻널 위에 붙여 깐다.

④ 파키트리 보드(parquetry board)

두께 9~15mm, 너비 60mm, 길이는 너비의 3~5배로 한 것으로 제혀쪽매 및 상대패로 마감한 판재이다.

⑤ 파키트리 패널(parquetry panel)

두께 15mm의 파키트리 보드를 4매씩 조합하여 24cm 각재로 만든 판재이다.

⑥ 파키트리 블록(parquetry block)

파키트리 보드를 3~5매씩 조합하여 18cm 각이나 30cm 각재로 만들어 방습 처리한 것이다.

(5) 탄성바닥재

디자인이나 색상이 다양하고 가격이 저렴해 널리 사용되고 있다. 일반적으로 '모노륨'이라 불리는 륨재와 '테코타일'이라 불리는 P타일(플라스틱타일)이 있다. 륨재는 타일류에 비해 가격이 저렴하고 시공이 간편하며 비닐코팅이 되어 있어 유지 관리가 용이하다. P타일은 가격이 비싸지만 질과 내구성이 뛰어나고 분위기가 고급스러워 최근 많이 이용되고 있다. 이 밖에 숯, 옥, 황토 등이 첨가된 기능성 제물들이 많이 출시되고 있다.

탄성바닥은 표면이 충격이나 하중을 받더라도 다시 원상태로 복구된다. 탄성

타일은 대부분의 판매 공간에는 널리 사용되지 않지만, 창고나 다른 실내에는 흔히 사용된다. 판매 공간에 고무판 바닥재와 같은 탄성 바닥재의 사용이 점차 증가하고 있다.

비닐타일은 순수하고 동질적인 색이며 성능이 우수하다. 그것은 밀도가 더 높고 가공이 적으며 보다 유연하고, 비닐합성 타일보다 4-5배가량 가격이 비싸다.

아스팔트, 비닐합성, 고무타일보다 비싸지만, 세라믹 타일의 바람직한 비용절약 대용품으로 사용된다.

석재, 목재, 카펫 등보다 비용부담을 고려하여 개발된 바닥재이므로 다소 비용이 저렴하고 대체용으로 사용 가능하며 시공이 간단하여 즐겨 애용되고 있으나 자재가 주는 느낌이 고급스럽지는 못하다.

(6) 카펫(Carpet), 카펫 타일

카펫은 비교적 값이 싸며 다양한 색과 질감으로 사용할 수 있으며, 걸을 때 발밑이 편안하고, 소리를 흡수하는 중요한 속성을 가지고 있는 이유로 서비스업체에서 즐겨 사용하는 바닥재이다.

부드러운 분위기 연출을 위해서는 카펫을 이용하는 것이 효과적이다. 카펫은 원하는 부분만 깔 수도 있어 사용이 편리하다. 울, 나일론, 아크릴 등을 소재로 한 제품이 시중에 많이 나와 있으며 타일 형태의 카펫도 있다. 울 제품은 탄력성과 보온성이 뛰어나지만 값이 비싸고 유지관리가 어렵다. 나일론 제품은 울 제품에 비해 탄력성이 떨어지지만 관리가 용이해 많이 이용된다. 카펫은 세탁이 힘들기 때문에 때가 잘 타지 않는 짙은 색을 선택하는 것이 좋다.

매장에 깔린 카펫의 평균 수 명은 약 8년으로 점포에는 제거하기 쉽고 대치하기에 편리한 카펫을 사용하는 것이 효과적이다. 카펫을 다시 깔기 위해 영구적으로 위치시킨 설비들을 다시 옮기는 번거로움은 없어야 한다. 이러한 이유로 카펫을 영구 설비 밑에는 깔지 않거나, 타일이나 단단한 목재와 같은 여러 가지 견고한 표면재를 설비 밑에 놓아 그 둘레에 경계를 만드는 경우가 있다. 카펫 타일은 통행량이 많기 때문에 부분적인 보수가 예상되는 곳에 사용되기도 한다. 카펫 타일은 드문드문 깔거나 또는 접착된다.

영구적인 설치에는 압정을 사용하지 않고 까는 법과 풀로 붙이는 두 가지 기본적인 방법이 있다. 압정을 쓰지 않고 설치하는 방법은 카펫이 대부분 패드 위로 연장되며, 바닥에 못을 박은 부착 띠에 의해 제자리에 고정된다. 두껍게 패드를 깐 이런 종류의 설치는 통행량이 비교적 적거나 보통인 곳, 그리고 안락함과 화려함이 요구되는 곳에 사용된다. 카펫 안이 늘어나거나 주름지는 것을 막기 위해 황마와 같은 튼튼한 패드는 압정을 사용하지 않고 설치할 때에 사용된다.

패드를 넣으면 카펫 마모가 적으며 소리를 흡수하고 발밑의 보행감이 안락하다. 접착제로 붙여 설치하는 경우는 통행량이 보통이거나 많은 곳 또는 손수레가 다니는 곳이나 그 밖의 극히 거친 상황이 있는 곳에 사용된다. 바닥에 깐 카펫에 접착제를 바르는 것은 일반적으로 넓게 트인 바닥의 공간을 깔아야 할 때이다. 면적이 넓은 카펫은 접착제로 붙이지 않으면 우글우글해지거나 몰려 주름이 지는 경향이 있다.

대부분 판매되는 카펫의 섬유는 아크릴 또는 나일론이다. 나일론 섬유는 합성섬유이며, 매우 질기고 매력적이며, 효율적인 가격의 카펫이다. 나일론은 다양한 색, 질감, 밀도로 사용되며 흙, 얼룩, 정전기를 잘 타지 않는다. 아크릴 섬유는 보기에는 모직과 비슷하지만 나일론과 마찬가지로 잘 마모되지 않으며 혼합되거나 제 성능을 유지하기 위해 촘촘하고 좁은 무늬로 직조된다.

카펫의 밀도는 점포의 통행 상태에서 카펫의 내구성이나 성능에 있어 가장 중요한 요인이다. 밀도는 카펫의 면적과 섬유의 양과 관련이 있으며, 면적당 온스로 표현되는 카펫 무게와는 다르다. 밀도는 파일 길이와 무게의 한 요인으로 무게가 무거울수록 파일 길이는 짧으며 밀도는 크다. 그러므로 카펫이 가벼울수록 파일 길이가 짧고 카펫이 무거울수록 가벼운 카펫보다 촘촘하지 못하다. 가장 우수한 성능의 카펫은 파일의 길이가 짧으며, 면적당 가장 무거운 것으로 밀도가 가장 높은 것이다.

카펫은 고리(Loop)형과 절단(Cut-Pile)형의 두 종류의 파일이 있다. 고리형 파일은 자르지 않고 고리들로 구성되며, 절단형은 자른 고리들을 가진 것이다. 두 가지 카펫이 소매 점포에 사용될 수 있긴 하지만, 일반적으로 플러시로 알려진 길이가 긴 절단형 파일 카펫은 잘 깔지 않으며 상업용으로 추천되지 않는다.

카펫의 색은 디자인은 물론 관리문제도 고려해서 정해야 한다. 카펫은 너무 밝거나 너무 짙은 색이어서는 안 된다. 발자국 또는 먼지는 밝거나 짙은 색이기 때문에, 중간 색조의 카펫은 대부분의 더러운 흔적을 가려주는 장점이 있다. 색과 무늬가 혼합된 카펫 또한 단색 카펫보다 먼지가 더 잘 가려진다. 카펫은 먼지가 많이 타는 입구에 사용해서는 효과적이지 못하다. 입구에는 세라믹 타일이나 잘 닦이는 다른 자제들을 선택하는 것이 효과적이고 계산대와 같이 통행량이 많은 곳에는 카펫이 아닌 단단하거나 탄력성이 강한 바닥재가 필요하다.

카펫을 선택할 때는 비용과 내구성의 양면을 모두 고려해야 하며 색상, 패턴, 질감과 관련된 심미적 측면도 숙고해야 한다. 울은 가격이 비싸므로 지속적으로 새로운 형태가 개발되는 합성섬유를 이용하는 것도 적절한 방법이다. 울 제품은 아직까지는 마모, 저항력, 세탁의 용이성, 외관의 변형성 등의 면에서는 만족스럽지 못한 편이다.

화재 문제 또한 많은 합성섬유를 사용하는 데 있어서 우려를 일으키는 요소이다. 겉으로 보이는 경제성에 근거하여 울의 대체품을 사용하기 전에 예상되는 내구성에 따른 유지보수비용까지 포함된 관리비용을 고려하는 것이 현명하다. 중ㆍ대규모의 매장에서 카펫을 시공하기 전에 시험적으로 사용해 보는 것이 바람직한 방법이다.

바닥재는 인테리어 자재 가운데 가구나 사람과 접촉이 빈번하게 발생하기 때문에 미적 특성뿐만 아니라 기능적인 면이 특히 중요하다. 음식 찌꺼기가 떨어지는 일이 허다한 외식업소는 청소가 용이한 소재의 바닥재를 사용하면 편리하다. 외식업종의 매장에는 미끄럼방지 처리가 되어 있는 바닥재를 선택해야 한다. 의자를 많이 사용하는 업소는 내구성이 강한 바닥재를 선택해야 한다. 유통업은 먼지가 날려 상품에 앉는 일을 줄이기 위해 카펫 같은 바닥재는 피하는 것이 좋다.

자재	적정 사용 공간							
	로비	계단	화장실	판매공간	사무실	인수처	휴게실	저장창고
콘크리트	X	O	X	X	X	O	X	O
타일	O	O	O	O	X	X	O	X
돌	O	O	X	O	X	X	X	X
탄성재	O	O	O	O	O	O	O	O
벽돌	O	O	O	O	O	X	O	X
목재	O	O	X	O	O	X	X	X
카펫	O	O	X	O	O	X	O	X

:: 벽은 수직적 요소로 수평 방향을 차단하여 공간을 형성하는 기능과 외부의 침입 방어의 기능을 가진다. 공간 요소 중 가장 눈에 보이기 쉬운 요소이고, 형태를 명확히 하는 윤곽적인 요소인 벽은 시각적 대상이 되거나 공간에 초점적 요소가 된다. 벽면은 내구성이 강하고 매끄러운 소재를 사용하여 공간의 확장성을 확보한다. 벽의 컬러, 무늬, 재질 등은 공간 이미지에 영향을 주므로 업종을 고려해 신중히 선택해야 한다.

내벽은 전체 높이보다 낮을 수 있다. 벽은 또한 벽 위에서부터 천장 위의 구조적 요소까지 받쳐주는 역할을 한다. 벽재는 많은 종류의 마감재가 있고 적절한 비용과 시간계획에 따라 제작되거나 변경되기도 한다.

(1) 광물재

① 석재

석재는 일반적으로 구조적 재료의 범주에 속하기도 하지만, 얇은 시트로 된 석재는 마감으로서 가능하다. 다양한 색채와 줄무늬 문양의 대리석은 특히 매력적인 재료가 된다. 또한 화강석이 많이 사용되기도 한다.

석재는 그 계획된 용도에 적합한 모양과 크기로 만들어질 필요가 있다. 원석은 원하는 범위의 크기와 모양 내에서 선택할 수 있다. 마름돌은 디자이너의 계획에 따른 크기와 모양으로 잘린다. 벽돌, 타일, 블록은 제한된 규격에 따른 크기와 모양으로 제작된다. 콘크리트를 부어서 만들어낸 모양은 각 디자인에 의해 결정된다.

● 화강석류
–문경석, 포천석, 판석, 샌드스톤 등
● 대리석류
–천연대리석: 그린마블, 마론임페라도, 로소알리칸테, 보티치노, 트레버틴, 비앙코, 크리마마필 등
–인조대리석
–아트마블
● 질감을 표현하기 위해 쓰이는 가공 방법
–잔다듬(burner)
–혹뚜기
–물갈기(polishing)

② 타일

타일 모자이크 형태에서 큰 사각형과 정사각형에 이르기까지 모양이 다양할 뿐만 아니라 색상, 질감, 패턴과 소재도 역시 다양하므로 벽 마감 처리재로서 자주 사용된다. 타일은 특히 물이 튀고 증기가 있어 축축해지기 쉬운 장소에서 사용하기에

적합한데 전형적으로 패스트푸드점과 같은 유사한 공간에서 사용된다. 장식을 하거나 색을 칠한 타일은 거의 예술형태에 가깝다. 거울 유리의 일종으로 확대되어 보이는 착시현상을 일으키기 때문에 벽 재료로서 특별한 흥미를 일으킨다.

가. 내장타일

건물 내부에 사용하는 타일로 내장 성분은 점투, 고령토, 납석, 토석, 석회석 등이다. 타일두께는 3~10mm이다. 유약처리로 타일 표면이 아름답고 청결하다. 흡수율이 높으므로 가수팽창이 일어날 가능성이 높고 동해에 약하다. 줄눈 폭이 좁고 시공이 어렵다.

나. 외장타일

건물 외부에 사용하는 타일로 점토, 고령토, 납석, 토석, 석회석의 혼합장석, 규석, 백운석, 활석 등을 이용한다. 접착력을 높이기 위해 타일 뒷면에 요철을 만든다. 유약이 없는 외장타일은 천연점토의 산화철 안료를 이용하고 다른 안료를 부분적으로 바른다.

내장타일만큼 아름다움이나 색조의 안정을 필요로 하지 않으므로 저가의 것을 이용한다. 내장 타일보다 강하고 흡수율이 낮다. 동해에 약하다.

다. 타일의 시공방법

㉠ 몰탈 시공

가장 기본적인 방법으로서 시멘트+모래를 혼합하여 시공한다. 주로 신축현장이나 바닥에 주로 사용되는 시공법이다. 작업 한계가 많다.

㉡ 압착시공

좀 더 발전된 시공법으로 타일전용 시멘트로 시공한다. 견고한 시공법으로 타일을 붙일 부위에 타일시공에 적합하게 미장한 후 시공한다. 미장한 면을 얼마나 깨끗이 하느냐에 따라 타일시공이 깨끗해지냐 아니냐가 판가름 된다.

㉢ 본드 시공

특수 시공 시 사용하며 합판 위, 타일 위, 대리석 위 등 몰탈 시공이나 압착 시공이 어려울 때 사용한다.

단, 시공부위에 따라 경험이 많은 가공의 판단에 따라 타 물질과 배합하여 시공하여야 한다.

㉣ 혼합 시공

위의 3가지 시공법을 상태에 따라 맞게 적용하여 시공한다. 시공수리공사에서 많이 사용되고 있으나 비능률적이다.

③ 플라스터

베니어로 사용되거나 석고 보드 대용으로 사용되는 플라스터는 다양한 질감을 제공하며, 곡선의 벽 등 거의 어떤 형태로든 만들 수 있다. 석고 보드는 매우 좁은 반경의 둥근 벽 코너를 형성하는 데는 사용할 수 없어, 그 대신에 플라스터를 많이 사용한다. 플라스터 벽은 메탈 라스와 플라스터 도료를 발라 세울 수 있으며, 또는 플라스터 도료를 칠한 특수 석고 보드 바닥층으로 만들어질 수도 있다. 만약 좁은 곡선이나 기타 특별한 형태가 필요하다면, 메탈 라스와 플라스터 공정이 원하는 형태를 만들기 위해 사용된다. 플라스터 도료는 매끄러운 것에서 매우 거친 스터코에 이르기까지 여러 가지 표면을 만들기 위해 위에다 바르고 뿌린다. 표면은 대부분 페인트칠을 한다. 플라스터는 석고 보드보다 내구력이 강하며, 매장 내의 대중적인 공간에 사용된다.

④ 벽돌

점토를 주원료로 하여 고온에서 구운 벽돌은 재료나 소성조건 및 용도에 따라
다양한 종류가 있다.

⑤ 석고보드

내벽의 석고보드는 방음 또는 내화 목적을 위해 위에 있는 구조상의 지붕까지
연장하기도 한다. 건물주가 이차인의 공간으로 소리를 제한시킨 것을 요구한다
면, 예를 들어 오락장이나 음악과 관련된 매장을 운영한다면 금속 샛기둥 사이에
유리섬유를 넣어야 한다.

석고보드(건식 벽)는 마감재와 함께 금속 샛기둥으로 세워진다. 금속 샛기둥은
비내력의 두루마리형 수직금속판인데 그 표면에는 규칙적인 무늬의 슬롯이 있
어 파이프 케이블 또는 도관들이 벽 내부에 가려지도록 한다. 샛기둥은 위와 아래
의 금속관 속에 부착하며 나사로 고정한다.

패널과 안으로 들어간 나사 윗부분 사이의 연결은 합성 연결재와 테이프로 씌운 다음, 매끄럽게 처리된 벽 표면을 만들기 위해 문지르면 사용된 석고 보드의 종류에 따라 다르지만 내화성이 높아지고 물기가 스며들지 않는다. 금속 샛기둥은 구조에 따라 나무 샛기둥으로 대치할 수 있다. 사용할 석고보드는 내화성능을 제공하기 위해 바닥에서부터 물매 없는 구조상의 지붕 밑까지 이어지게 처리한다.

벽에 바르는 가장 보편적이고 싼 도료는 페인트이다. 페인트는 광택, 반 광택, 무광택의 세 가지 기본적인 도료로 사용되고, 스터코나 모래 플라스터 모습과 유사한 두꺼운 질감의 페인트가 사용되기도 한다. 아무것도 바르지 않은 벽에는 일반적으로 애벌과 한두 번의 도장 작업이 행해진다. 페인트칠은 벽면에 색을 내어 장식하는 간단한 방법이며 표면에 먼지와 습기가 타지 않게 보호해 준다.

페인트가 충격의 영향이나 계속적인 마모로부터 표면을 보호해 주지는 않으므로, 천장과 창고의 벽, 사무실, 또는 디스플레이 윗면과 같이 대개 고객들의 손이 닿지 않는 곳에 제한되어야 한다. 물론 예산은 많이 사용되는 부분의 벽을 칠하는데 영향을 주겠지만, 가능하다면 좀 더 내구성이 있는 도장 재료를 사용해야 한다. 광택이 있거나 또는 중간 광택의 페인트는 문, 테두리, 기타 접촉이 심한 부분에 사용되어야 하며 무광페인트는 벽에 사용되어야 한다. 페인트로 표현할 수 있는 색상의 범위는 무한하며 질감이 다양하고 비용이 저렴하며 사용이 쉬워서 대중적으로 사용되는 재료이다. 최상품의 페인트는 내구력이 강화되었으므로 다소 비싸다. 또한 다양한 색상이 미리 조합되어 있거나 사용자가 조합할 수 있도록 한다. 특별한 색상은 숙련된 페인트공에 의해 작업장에서 조합될 수 있다.

(2) 목재 및 목자재

목재의 정교한 몰딩과 목공작업을 도입한 패널링은 높이 평가받는 벽 마감처리이다. 이는 부유함과 고급스러움을 연상시킨다. 전통적인 패널링은 단단한 목재의 레일과 패널로부터 조립된다. 합판은 종종 현대적 패널링으로 사용되나 합판에 몰딩을 가해 전통적 디자인을 흉내 내는 것은 시각적으로 좋지 않은 결과를 가져온다. 목재의 나뭇결을 그대로 살린 천연 마감이나 착색은 패널링에 가장 자주 사용되나 페인트 마감도 역시 적절히 사용되며 전통적인 실내 디자인에서 널리 사용됐으며 외식업종에 많이 이용된다.

목재 벽 마감재는 마무리 처리를 한 경재(Hardwood)에서 거칠게 톱으로 켠 연재(Softwood)에 이르기까지 다양한 품질의 패널이나 판재로 되어 있다. 연재에는 소나무, 자작나무, 삼목, 적목 등이 있고, 경재에는 월넛, 장미목, 마호가니, 물푸레나무, 오크 목, 티크 등이 있다. 붉거나 흰 오크목은 가격의 효율성 때문에 소매점포에 가장 자주 사용된다. 티크와 마호가니는 다른 것에 비해 좀 더 비싸지만, 고급 벽 마감재로 사용하기도 한다.

목재 벽 시설은 결을 돋보이게 하거나 또는 좀 더 비싼 목재처럼 보이기 위해 칠을 하거나 염색을 한 다음 래커, 니스, 기름, 또한 합성 에나멜로 봉한다. 각 도료는 자체만의 성능과 표현 속성을 지니고 있다. 원하는 효과를 내기 위해서 도료 선택에 주의해야 한다. 래커는 목재의 화염 확산을 증가시킬 수도 있다.

(3) 금속재

철판(STEEL), 스테인리스 스틸 철판(STAINLESS STEEL PLATE), 황동(BRASS), 청동(BRONZE), 알루미늄(ALUMINIUM), 펀칭메탈(PUNCHING METAL) 등이 많이 쓰인다.

스테인리스 스틸 외의 금속은 모두 녹과 부식으로부터 보호하기 위한 마감을 필요로 한다. 강철은 페인트를 칠하거나 도금한다. 알루미늄은 자연 그대로 또는 다양한 색으로 처리한다. 구리, 브론즈, 브라스는 자연색을 유지하도록 계속적으로 윤을 내거나 광이 나는 것을 방지하기 위해 래커칠을 하거나, 산화된 녹색 톤 그대로 둔다. 크롬 도금은 강철과 다이캐스트합금에 가장 널리 사용된다.

(4) 합성재

① 유리

유리는 패널처럼 작업이 까다롭다. 유리 패널 벽의 디자인은 간단하고 깨지지 않아야 한다. 만약 유리가 콘센트나 스위치 때문에 절단되거나 L자형이 사용된다면, 유리는 설치물을 약화시켜 부서지게 할 수도 있다. 콘크리트 블록처럼 두꺼운 조적조 단위인 유리블록은 칸막이나 낮은 벽을 쌓을 수 있고, 벽면으로 사용할 수 있지만 값이 매우 비싸다.

뒤에다 흥미 있고 매끄러우며 화려한 모습을 제공하기 위해 칠을 하거나 모래분사로 문지르거나 산으로 부식시킨다. 칠을 한 유리는 거울처럼 벽에 걸기도 하지만 유리가 벽에서 떨어지거나 페인트가 부스러져 벗겨질 수도 있기 때문에 주의해야 한다. 유리에 고르지 않은 부분이 생각지 않도록 하기 위해서는 벽이 매끄러워야 하며, 위와 밑에 있는 금속 홈에 유리를 끼워야 한다.

부식시키거나 모래분사로 유리를 문지르는 것은 장식을 위한 비교적 비용이 적게 드는 방법이다. 투명하거나 부식시킨 유리는 유리가 깨어질 경우, 산산조각이 나는 것을 막기 위해 열처리하여 굳히거나 또는 철사를 넣어 안전장치를 해야 한다.

벽 마감재로서의 거울은 신중하게 고려되어야 한다. 대체로 거울은 공간이 넓어 보이는 효과를 만들어내기 위해 사용된다. 이처럼 좋은 효과를 낼 수도 있지만 때로는 고객을 비춰 혼란을 겪게 하는 결과를 초래할 수도 있다. 또 거울을 다른 매장의 정면과 간판, 전등 등과 같이 바람직하지 않은 상을 반사할 수도 있다. 상업적 목적을 위해 설치하는 거울은 아래에 작은 홈이 있는 곳에 걸린다. 그것은 투명, 회색, 그리고 브론즈 처리되어 사용되며, 모서리는 매끄럽게 갈아야 된다.

유리는 그 투명성 때문에 큰 가치를 지니는 재료이며 때로는 불투명하거나 거울형태로 제조될 수도 있다. 유리는 대개 창문, 문, 파티션 등 투명성이 반드시 요구되는 부분에 사용할 수 있다. 이는 또한 창문이 있는 커튼월이 전체 구조의 외부 널이 되었을 경우에 주재료로 사용된다. 일반적으로 창유리, 판유리는 깨지기 쉽고 벽이나, 문, 가구에 쓰였을 때는 위험하므로 주위가 필요하다.

가. 유리의 종류

㉠ 층유리: 혹은 안전유리. 일반적으로 유리가 날카로운 파편으로 부서지는 성질을 해결하기 위해 하나 이상의 플라스틱층을 일반 유리층 사이에 끼워둔 것이다.

㉡ 강화유리: 별도의 강도를 얻기 위해 열처리된 것이고, 강화유리는 쉽게 깨지지 않으며, 덜 날카로운 조각으로 부서진다. 이는 틀이 없는 유리문, 샤워실 문이나 이와 유사한 응용 부분에 자주 사용되는 소재이다. 강화유리는 절단할 수가 없으므로 공장에서부터 원하는 크기나 형태로 생산되어야 한다.

㉢ 망입유리: 유리판 중심에 격자형 또는 다이아몬드형 철망을 넣은 것이고, 특히 열을 받아도 깨지지 않는 성질을 갖는 것으로 유명하다. 따라서 방화벽이 필요한 위치에 사용하는 법적 필수조건이 되었다.

㉣ 특수유리: 특수한 성질을 가진 유리이다. 어떤 것은 공기를 중간에 둔 다중

층으로서 단열성을 가지고 있고, 어떤 것은 적외선을 차단하는 사이를 통해
열전도를 막고, 어떤 것은 거울과 비슷해 반사성이 있으므로 열을 막아준다.

ⓜ 거울: 유리에 반사 표면을 만들기 위해 유리 한쪽에 은을 바른 것이다. 이것
은 원웨이 유리를 만드는 데도 사용되는데 빛이 적절하게 균형을 이루면 한
쪽에서는 볼 수 있으나 반대쪽에서는 볼 수 없도록 차단해 준다.

ⓑ 장식유리: 이는 빛을 통과시키기는 하지만 이미지를 왜곡시키도록 표면처
리가 되어 있으며, 다양한 조직을 포함한다. 또한 장식 용도로 다양하게 사
용될 수 있도록 폭넓은 범위의 색상을 집어넣거나, 매끄럽게 또는 거칠게 만
들어진다. 스테인드글라스가 가장 잘 알려진 예로 패턴을 만들어내기 위해
각각 분리된 조각들이 금속 조각에 의해 연결된 것이다.

ⓢ 가공유리: 유리섬유 유리 대리석 금속류, 유리, 도장 등의 재료를 사용하여
디자인하면 박진감 있고 차가운 느낌을 주므로 의류나 신발 등 캐주얼한 매
장에서 즐겨 사용하는 요소이다.

ⓞ 기타 판유리(CLEAR GLASS), 무늬유리, 색유리(COLOR GLASS), 반사유
리, 망입유리, 강화유리, 접합유리, 복층유리, 애칭유리, 곡면유리, 거울

(MIRROR), 유리블록(GLASS BLOCK), 프리즘유리(PRISM GLASS, TOP-LIGHT GLASS, DECK GLASS), 스테인드유리(STAIND GLASS) 등이 있다.

(5) 혼성물 및 기타재료

① 벽지

벽지는 다양한 질감, 패턴, 분위기를 제공하므로 페인트의 대체물로서 인기가 높다. 벽지는 전통적으로도 널리 사용되었으며 역사적으로 뛰어난 디자인의 제품이 여전히 생산되며 사용되고 있다. 다만 직물의 색상과 패턴은 제조자에 의해 결정되는 경우가 대부분이다.

벽지는 접착제로 벽에 바르는 융통성 있는 자재이며, 도배지, 직물 그리고 비닐 등이 있다. 도배지는 페인트보다 더 다양한 색과 무늬를 제공하지만, 페인트만큼 마모나 찢어지는 것을 막아주진 못한다. 도배지는 닦아낼 수 없기 때문에 페인트보다 손자국을 지우는 일은 더 까다롭다. 이러한 이유로 손이 잘 닿지 않은 벽에만 사용되어야 한다.

비닐 벽지는 광범위한 색, 마감처리, 두께의 선택이 가능하고 다양한 표면 질감이 가능하다. 질감은 린넨, 혹은 기타 직물을 모방하기도 하며, 어떤 것은 가죽, 또는 나뭇결을 모방한 것도 있다. 비닐은 또한 매끈한 평면 마감재, 또는 이랑 무늬나 기타 두드러진 기하학 무늬와 함께 사용되기도 한다.

비닐은 질기며, 깨끗하게 처리하는 데도 용이하여 대부분의 내벽에 적합하다. 그리고 잘 더러워지거나 부풀이 일거나 또는 찢어지거나 움푹 들어가지 않는 장점도 있다. 적당히 설치하면, 말끔하게 이음매가 없고 통일되고 닦아낼 수 있는 말끔한 표면을 제공한다. 직물과는 달리 많은 장식을 필요로 하지 않는다.

전통적인 벽 마감재로서 색상과 질감이 뛰어난 직물벽지는 다양성을 제공한다. 실크, 새틴과 능이라는 전통적으로 사치스러운 실내에 사용되었다. 단순한 캔버스는 강화된 벽 표면과 섬세한 질감을 제공하면서 채색되기 전 밑바탕으로 사용될 수 있다. 모시와 삼베는 현재 합성제품에 의해 모방되고 있기는 하지만, 우수한 벽 마감재로서 가능성이 있다. 이 역시 고급 레스토랑에 많이 이용된다.

직물 벽지는 페인트나 도배지보다 더 질기지만 깨끗이 사용하기가 매우 어렵다. 그리고 직물은 대부분의 화재 안전 기준에 알맞게 화학적으로 처리되어야 한다. 이러한 절차는 매장 공사 시간표를 한 주일이나 두 주일 더 걸리게 할 수 있기 때문에 공장에서 직물에다 화학 처리를 해서 내보낸다. 직물은 디스플레이 창문 배경 또는 더러움이 안타는 공간에 적합하다. 이랑 무늬로 짠 직물은 보통의 소리를 흡수하며 벽의 결점을 가려준다. 나사와 못을 부착하거나 제거할 때 생기는 밑의 손상된 면을 가려준다. 이랑 무늬 직물은 벽에 상품을 거는 기타 서비스, 유통업에 실용적이다.

② 벽체의 종류

가. 벽돌: 그대로 두거나 착색

나. 콘크리트 블록: 그대로 두거나 착색, 보통 차고나 지하실 같은 실용적 공간에서만 노출된 채로 그대로 둔다.

다. 콘크리트: 매스콘크리트나 철근콘크리트

라. 돌: 다양한 색채와 질감으로 사용 가능, 자연석은 일정한 규칙 없이 또는 규칙적인 패턴으로 쌓이거나 건축된다. 마름돌이나 깨끗이 잘린 돌은 종종 기념적 건축 공간에서 사용된다.

마. 칸막이벽: 전형적으로 안으로 숨겨진 지지구조이며 외부표면은 어떤 재료
   든 처리되어 커버된다.

바. 목재 샛기둥

사. 금속 샛기둥

아. 석고블록

자. 콘크리트 블록

차. 건식벽: 샛기둥의 플라스터 칸막이벽 구조의 가장 일반적인 대체물, 목재나
   금속으로 된 샛기둥을 플라스터 보드시트로 커버한 것이다.

카. 이동식 파티션: 문, 유리패널, 전설설비를 결합한 완전한 시스템으로 즉시
   사용 가능하도록 공장에서 제작된 제품, 사무실에서 가장 널리 사용된다.

타. 접이식 파티션: 공장에서 제작, 인접한 공간을 자유자재로 분리하거나 결합
   할 수 있도록 천장이나 바닥에 트럭을 설치하여 여닫을 수 있게 한 패널이
   나 아코디언식 요소를 말한다. 외향과 음향 기능 모두가 문제가 되긴 하나,
   그 장소의 기능과 관련된 융통성이 요구되는 식당이나 회의실에서는 다양
   한 그룹에 따라 크거나 작게 만들어 배치할 수 있다.

파. 화장실 파티션: 공장 제작으로 화장실에서 패널과 문으로 사용하는 칸막이
　　와 스크린을 말한다.

③ 벽체

가. 한 면만 벽돌 쌓기

· 붉은 계통의 벽돌이나 하얀색 벽돌로 마감할 경우 색다른 느낌을 줄 수 있다.
　공간을 많이 차지하므로 한 면만 시공하도록 하고 코팅을 입혀 먼지가 쌓이
　지 않도록 한다.

나. 모자이크 타일 붙이기

· 한 벽면에 패턴을 넣어 모자이크 타일로 마무리하거나, 전체 벽면을 흰색 수
　성 페인트로 마감한 후 악센트로 장식 타일을 일정하게 붙이기도 한다.

다. 회벽 마감

· 가장 손쉬운 재료이나, 너무 거칠게 무늬를 내거나 마감할 경우 공간이 좁아
　보일 우려가 있다.

라. 석고보드 위 수성 페인팅

· 액자와 같은 소품으로 포인트를 주는 것을 기본으로 하고, 전체 벽면을 흰색의 수성 페인트로 마감하면 깨끗하고 밝은 느낌을 줄 수 있다.

마. 합판 붙인 뒤 무늬목 마감

· 일반 페인트 마감보다 좀 비싸지만 고급스럽다. 전체를 다 무늬목으로 마감하지 말고 가로로 일정한 간격을 두어 줄눈(10mm 정도)을 띄운 뒤 무늬목을 바르는 것이 더 세련된 느낌이 든다.

바. M.D.F 합판(톱밥으로 만듦)을 붙인 뒤 투명 래커 칠한다.

· M.D.F의 재질을 그대로 살려 투명 래커만으로 마감하면 독창적인 느낌을 준다.

사. 미장 바탕 위 벽지 마감

· 화려한 색상이나 무늬는 피하고 약간 질감이 있는 흰색, 무채색 개통의 벽지를 골라 쓴다.

아. 합판이나 M.D.F 위 천 붙이기

· 합판이나 M.D.F를 줄눈을 두어 고급스런 천으로 싸는 것으로, 천의 패턴은 간결한 것이 좋다. 한 번 시공하면 청소가 쉽지 않으므로 손때가 덜 타는 곳에 마무리한다.

3. 천장재 ::

:: 천장은 고객에게 가장 많이 노출되는 공간이고 기능과 분위기를 살려주므로 적절히 디자인되고 조정된 천장은 분위기를 크게 높여준다. 천장 표면의 디자인은 내부 디자인 주제와 일치하도록 선택하고 벽과 통일된 느낌으로 공간의 확장성을 고려하여 계획된다.

천장을 실내의 비례를 변화시키기 위해 수정될 수 있다. 천장을 높게 하면 가구와 같이 큰 상품들을 수용하여 커다란 실내를 창조할 수 있고, 반면 천장을 낮추면 보다 친근감을 주는 실내를 만들어 구두나 액세서리와 같이 작은 품목들에 관심의 초점을 맞추게 할 수 있다. 부분 천장이나 소피트는 종종 이러한 목적으로 사용된다. 벽 디스플레이 위에 소피트를 설치하는 것은 연결된 조명이 통합되어 보이고 벽에 진열된 상품에 초점을 맞추도록 하는 한편, 실내의 중앙은 진열된 상품 크기에 보다 적합한 천장높이를 가진다.

건축 계획에서 공사의 가장 많은 부분을 차지하는 것은 천장 안에 있다. 천장으로 설치하기 전에 냉난방, 환기, 전기배선, 스프링클러, 전화 마이크 시설 및 다른 시설들이 위치되고 장치 · 시험 되어야 한다. 그리고 난 후에야 최종 천장 표면을 설치한다. 매장의 천장은 여러 가지 다양한 용도를 제공한다. 완성된 머리 위 수

평공간으로 제공되면 전선, 배관 그리고 설비(난방, 통풍, 에어컨) 등 장비를 가려지게 설치하는 데 매우 효과적이다. 또한 음향 조절을 해주고, 순화기간으로 사용되는 기구를 넣어두는 공간을 만들기도 한다. 그 경우, 간단한 것이 반복되는 것이 가장 좋고, 색깔을 원할 경우는 단색만을 사용하는 것이 좋다.

짙은 천장 색은 조명 기구의 밑까지 연장될 수 있으며, 어두운 천장을 배경으로 밝게 빛나는 조명 기구의 선만큼이나 멀리 고객의 눈을 끌어당기는 천장 경계로서의 역할을 할 수 있다. 밝은색은 고객의 시선을 천장으로 쏠리게 하여 상품으로부터의 초점을 빼앗기 때문에 노출된 천장에 밝은색을 칠하는 것은 그다지 좋은 일이 아니다.

매장의 상품이나 자질구레한 용품이 어린이 장난감과 같은 놀이 기구인 경우에는 이러한 규칙은 예외가 된다. 그런 경우 파이프와 배관은 흥미 있고 적합한 효과를 위해 흰색의 노출된 천장 바탕에 밝은색들을 칠할 수 있다. 달반지를 제거하는 것은 부가적인 문제를 만든다. 즉 기구나 지붕, 또는 천장 바닥으로부터 떨어질 수도 있는 먼지, 딱지, 습기, 기타 부스러기 사이에 아무런 방책이 없게 된다.

잘 계획된 천장은 조명 기구, 확산기, 순환기, 스프링클러 시스템 등과 잘 결합한 경우이다. 잘 설계된 천장에 주위를 기울이는 고객들은 거의 없지만, 좋지 않은 천장에는 무의식적으로 눈을 돌리게 될 것이다. 조명과 기구들의 배치를 포함한 천장의 설계는 통일된 디자인을 창조하기 위해 아래의 바닥 무늬와 벽, 그리고 디스플레이와 조화를 이루어야 한다.

(1) 흡음 천장

흡음 천장은 유통 · 서비스 업종에 많이 설치된다. 그것은 철사에 의해 구조물 위에 매달려 있으며, 패널로 완성된 금속 그리드 격자의 골격으로 되어 있다. 흡음 천장은 가외의 마감재가 필요하지 않으며 적당히 소음을 조절해 준다. 이동할 수 있는 이 패널은 전기 기구나 기계를 쉽게 통하게 할 수 있다. 또한 어떤 종류는 상부의 건축적 요소의 화재를 막아준다. 여러 가지 장점을 고려하면 비교적 비용이 적게 들어 인기가 있다.

흡음 타일 또는 패널은 무기 물질로 만든 광물성 섬유로 만들며 열처리용 트레이를 입힌다. 그것은 색깔이 있고, 목제 모양의 거울처럼 비추는, 그리고 압력을 가한 금속 무늬의 타일과도 같은 다양한 표면 질감적이다. 큰 패널은 좀 더 작은 패널처럼 보이게 하려고 줄이 처진 격자무늬를 사용한다.

흡음 타일 천장의 또 다른 장점은 불연성이며 내화 재료로서 타일의 종류, 다는 시스템, 지붕의 바닥과 덮게 구조 등에 따라 1~4시간 정도 화재를 막아준다. 내화 시스템으로 사용될 때 흡음 천장은 특수 타일, 반자 그리드를 사용해야 한다. 천장 시스템은 원하는 비율로 맞추기 위해 특별한 크기로 지정이 되어야 한다.

(2) 석고보드와 플라스터 천장

석고보드 천장은 색을 칠해도 되는 매끄럽고 연결된 천장 면을 제공한다. 흡음 속성은 없지만 간접적인 조명 시스템을 위한 빛 반사체로 아주 훌륭하다. 그러나 특별히 시끄러운 판매 환경을 원하지 않는다면, 석고보드 천장을 단단한 표면의 바닥재와 함께 같은 공간에 사용해서는 안 된다. 그러나 바닥에 카펫을 깔았다면, 소음은 문제가 되지 않을 것이다. 석고보드는 또한 완제품을 좀 더 비싸 보이게 하기 위해 노출된 그리드의 흡음 타일 천장의 경계 재료로 사용되기도 한다.

플라스터 천장은 비싸고 시간이 많이 소요되는 설치물이기 때문에 작은 규모의 매장에는 잘 사용하지 않는다. 그러나 만약 돔형 또는 아치형과 같은 특수 천장이 필요하다면, 플라스터는 사용하기에 가장 좋은 재료이다. 만약 이 특수 천장의 공간에 업라이트 조명을 설치할 예정이라면, 플라스터는 석고보드로는 얻을 수 없는 아주 매끄럽고 고른 표면을 제공한다. 석고보드처럼 플라스터는 훌륭한 반사체로 이점을 고려해야 한다. 또한 플라스터는 특수 베니어 마감재로도 사용되며 스터코나 샌드플라스터처럼 보이게 하는 경제적인 방법이다.

(3) 특수 천장

거울을 단 천장은 그리드에 맞춘 광택이 나는 알루미늄 타일이나 석고 보드에 접착제로 얇게 붙여 기계적인 고정재로 안전하게 한 플라스틱 거울로 만들어질 수 있다. 그러나 속성 면에서 비교적 무거운 자재를 유지 공급하는 것은 까다롭고 비용이 많이 들기 때문에 순수한 유리 거울을 천장에 사용하는 것은 비록 안전유리가 사용된다 해도 추천할 만한 것은 못된다.

직물 천장은 종종 눈에 띄고 화려하지만, 내화 처리된 재료로 만들어져야 한다. 일반적으로 직물은 기하학적 무늬에 세로로 바르며, 형광등이 조명효과를 위해 천장 위에 놓일 수 있다. 이 천장은 훌륭한 소음조절을 하면서 모든 확산기, 통풍

장치, 스프링클러 헤드, 그리드 등의 노출을 가려 준다.

(4) 알루미늄 등의 금속재 천장

알루미늄 천장은 속이 차 있는 경우도 있고 또는 좁고 통일된 무늬의 작은 구멍들이 뚫려 있는 경우도 있다. 만약 알루미늄에 구멍이 뚫려 있다면, 흡음 조절을 양호하게 하기 위해 패널이나 널빤지 위에 놓이는 것이 좋다. 구멍이 뚫리지 않은 알루미늄은 흡음 타일의 흥미 있는 대안으로 제공된다. 그러나 만약 내화 천장이 요구된다면, 석고보드나 내화 흡음 천장을 알루미늄 천장 위에 설치해야 한다.

알루미늄 천장은 흡음 타일이나 석고보드 천장보다 3~4배 더 비싸다. 정방형의 노출되거나 감추어진 사각 형태의 알루미늄 천장은 공사 면에서 비슷하다. 어느 소매 점포에 있는 상품의 품위를 높여줄 수 있는 흥미 있고 차분한 중간 색조의 천장이다.

4. 실내 마감재의 계획 ::

        :: 실내 마감재의 계획은 상점 실내의 시공 제작에 필요한 사용재료 및 마감방법에 관한 계획이다. 이러한 마감재의 계획은 마감을 포함한 재료의 사용과 선택의 중요 과정이며 적재적소에 사용함을 목적으로 한다. 재료가 가진 물리적 특성, 질감, 색, 패턴, 가공성, 경제성, 보수성, 안전성 등을 종합하여 고려하고 사용 목적과 실내의 용도와 성격, 사용자의 특성과 기호에 부합되고 목적하는 분위기가 되도록 연출한다. 그리고 기능적, 미적, 경제적인 디자인이 되도록 전개한다. 여러 가지 실내 디자인 요소가 요구되는 특징과 성격을 마감 재료와 비교 대조하여 궁극적으로 조화된 결과를 가져오게 해야 한다.

(1) 하나 이상의 재료로 실내를 마감할 때의 기법

① 재료를 마감하지 않고 자연적으로 노출시키는 방법: 만일 이미 마감된 것이라면 벗겨서 노출시킨다(벽돌, 석재, 목재, 또 콘크리트까지도 종종 이 방식을 사용한다).

② 노출된 천연재가 낡거나 더러워지는 것을 방지하면서, 그 자연적인 외관을 보존하는 방식으로 마감처리 하는 방법: 실제로 그러한 자연적인 마감은 재

료의 색깔과 외관을 어느 정도 변화시키는데 일반적으로 색상이 다소 어둡게 변한다(이러한 종류의 전형적인 마감재로는 왁스, 오일, 다양한 바니시와 래커가 이용된다).

③ 노출된 재료표면을 착색안료(대개 페인트)로 마감 코팅하는 방법: 색채가 변경되더라도 그 재료의 질감은 그대로 남는다. 다시 말하면 희색(혹은 기타 색)으로 칠해진 저새 벽돌벽은 여전히 벽돌처럼 보인다. 페인트는 무르타르 조인트와 같은 구조적 디테일을 감추어 주고 때때로 질감도 변화시킨다.

④ 2차 재료로 재료 층을 완전히 커버하는 방법: 예를 들면 목재 베니어로 커버한다. 벽에 벽지나 플라스틱 시트를 바르고, 마루에 카펫을 깐다.

(2) 어떤 재료를 선택하기 위한 기준

재료를 선택하고 평가하기 위해서 실질적인 목록을 만드는 것이 좋다. 일반적으로 재료는 그 주요 기능에 만족되어야 선택된다. 바닥재는 걸어 다니기에 실용적이어야 하며 창문에는 빛이 잘 유입되어야 하고 또 문의 재료는 차단의 기능이 있어야 한다.

① 재료 선택 시 기준이 되는 체크리스트

가. 기능적 기준

㉠ 주: 기본적 사용 목적에 대한 적합성

㉡ 부: 예상 용도에 따른 내구성

나. 유지, 보수, 청소의 용이성

다. 손상이나 고의적 파괴에 대한 저항성

라. 안전성(사고, 화재)

마. 음향상의 기능

바. 심미적 기준

사. 바람직한 자연적 색채 혹은 응용 색채의 사용 가능성

아. 질감

자. 패턴의 가능성

차. 의도한 기능에 대한 시각적인 적합성

카. 경제적 기준

타. 1차 비용

파. 기대되는 내구성과 관련된 관리비용과 유지, 보수, 청소

하. 가구 재배치에 관련된 예상비용

고객을 한눈에 사로잡는 상업공간의 VMD 디자인 마케팅 :: 개정판

PART 5

::

쇼윈도 디스플레이를 위한
VMD 제반요소

1. 연출계획 ::

:: 연출의 목적은 상품매출을 극대화하는 것이며, 이때 주역이 되는 것이 상품인 만큼 상품을 바르게 연출하여 고객에게 어필하는 것이 매우 중요하다.

상품 자체의 가치를 표현하는 진열에 대하여 연출은 그 상품이 둘러싼 환경 라이프스타일과 콘셉트를 파악하고 그 상품을 사용하는 일로 이들의 변화에 어떻게 답하고 어떠한 가치를 만들어 내는지 표현한다.[66]

또한 상품이 갖는 의의, 의미, 기대, 효과 등을 효과적으로 조형화하고 시각화하여 일반대중에게 강한 메시지를 전달하여 생활 속에서 사용방법 그것에 의한 새로운 가치의 창출을 제안하는 것이 '연출'인 것이다.

상품의 올바른 내용을 고객에게 알릴 의무가 있는 것이다. 구매자에게 한발 앞선 새로운 기능과 흥미 있는 내용을 알리기 위해서는 계획적인 콘셉트 작업(Concept Work)과 테마의 시각적 표현 작업이 계속되어야 한다. 상점의 콘셉트를 매장마다 시각화하여 고객과의 신선한 커뮤니케이션을 꾀하고 콘셉트 작업을 통한 시각적 표현은 필수적이라고 하겠다.

(1) 콘셉트 작업(Concept Work)

시각적 표현이 재미있고 유니크하며, 흥미롭게 항상 좋은 느낌의 표현을 전개하는 상점은, 이 착상이 훌륭하기 때문인데 여기에는 새로움, 신비로움, 친숙함, 풍부함, 단순함의 특징이 있다.[67]

그 밖에 연출 테마를 보면 다음과 같다.[68]

- 유미, 일상생활: 생활을 윤택하게 하는 것 중의 하나가 유머이며 우리의 일상생활은 또 다른 시각에서 얼마든지 재미있게 표현할 수 있는 요소이다.
- 향수, 동심의 세계: 대개 사람들은 지나간 일들에 대해 이야기하기를 좋아한다. 특히 생활의 급변으로 잊혀 가는 관습, 동물들의 재현으로 공감을 만들 수 있다.
- 움직임: 쇼윈도를 지나는 통행인에게 주목률을 높이고 흥미를 끄는 데는 움직임의 효과가 크다. 이것을 모션 디스플레이(**Motion Display**)라고 한다.
- 그래픽, 회화, 사진: 비교적 오래된 장식 방법이며 점과 상품의 이미지 표현을 위한 주제 선정을 신중히 해야 한다.

---

67 Lester Gaba, The Art of Window Display, N. Y. The Studio Publication ion Inc, 1952, pp.25~29.
68 상게서. 심낙훈, p.94.

- 골동품, 입체예술품: 골동품, 예술품들이 연출 오브제로서의 역할을 한다. 이 경우 상품과 명확한 구분이 되어야 한다.

- 드라마: 크게 히트했던 영화, 연극의 장면을 재현하는 경우와 쇼윈도 자체를 드라마 형식으로 연출하여 흥미를 준다.

- 동물, 식물: 동식물의 이용은 실물대로 또는 확대, 축소하기도 하며 추상형태로 변형하여 이용하기도 한다.

- 연출 오브제(Object): 특정 효과를 위해 만들어진 연출 오브제가 테마의 역할을 할 수 있다.

- 스케일감: 일반적으로 느껴 오던 스케일감에서 벗어나 크게 또는 작게, 많게 또는 적게 느끼게 함으로써 흥미를 유발시킨다.

- 시사성, 사회행사: 시사성을 띠는 일들과 흥미로운 각종 사회행사를 주제로 연출하여 공감대를 형성하며, 그 행사의 홍보 효과로 인해 주목률을 높일 수 있다. 그 테마의 선택에 따라 고객의 느낌이 다르므로 이런 점을 고려하여 그 상점의 상품에 맞는 시각적 연출이 필요할 것이다.

(2) 시각적 표현(Visual Presentation)

시각적 표현은 상점의 콘셉트, 테마의 종합적인 표현의 장으로 쇼윈도에 그 상점의 이미지를 위한 테마 표현이 주 역할이다.[69]

시각적 표현을 계획하는 데 있어서 기본적인 사고방법은 다음과 같이 나누어 볼 수 있다.

- 상품이 생긴 배경과 생활에 주는 이득을 신선하게 표현한다.
- 기존의 상품을 현실에 적용하며 새로운 가치를 부여한다.
- 새로운 상품을 종래의 것과 조합하여 그 활용도와 필요성을 표현한다. 위의 세 가지 외에도 여러 가지 방법이 가능하겠으나 가장 중요한 것은 상품의 내용과 이미지를 정확하고 진실하게 표현하고 연출하는 데 있다.

(3) 연출 계획상 유의사항[70]

쇼윈도 연출에 있어 고객에게 이해와 공감을 얻기 위해 정보제공 정보교환을 제시해 주어야 하며 이를 위한 빈틈없는 연출 계획상의 고려될 사항을 보면 다음

---

69 장지희, 「Store-Image 표현을 위한 Display」, 이화여자대학교 산업미술대학원, 1988, 석사학위 논문, p.7.
70 장윤정, 「쇼윈도 디스플레이에 있어 극적 상황의 도입에 관한 연구」, 홍익대학교 산업미술대학원 석사학위 논문, 1988, p.11.

과 같다.

- 주제가 디스플레이를 충분히 독창적으로 살릴 수 있을 만큼 흥미로워야 한다.
- 배열된 상품은 그들의 장점을 최대로 강조하고 통일감이 유지될 수 있도록 구성이 명료해야 한다.
- 흥미롭고 독창적이며 매력적인 디자인으로 생동감이 있어야 한다.
- 새롭거나 진지한 것 등으로 고객의 시선을 끄는 요소가 구사되어야 한다.
- 적절하게 구성된 여유 있는 공간, 짤막하고 함축성 있는 세일즈 메시지 또는 슬로건, 공간 형태의 독창성, 음향효과, 영상 디스플레이, 매혹적인 색상 등 모든 기술적인 수단을 이용하여 효과를 부가해야 한다.
- 주제 디스플레이와 전체 공간의 조화, 상품 전시기구의 조화, 색채와 형태 사이의 조화 등 조명, 색채, 형태의 모든 면에서 조화가 있어야 한다.
- 모든 상황(상품, 전시재료, 전시기구, 액세서리, 효과 향상을 위한 요소)은 전시기법, 레이아웃을 계획하기 전에 충분히 검토해 합리적이고 효율적이며 활기 넘친 계획이 되어야 한다.

- 주제, 레이아웃, 상품, 색채 계획, 조명 등 모든 다른 요소들에 영향을 미치는 요소는 합리적인 변화를 만들 수 있어야 하며, 새로운 품목을 보여 줄 필요가 있을 경우에는 적시에 교체할 수 있는 디자인이어야 한다.
- 결과를 점검하여 새로운 디스플레이를 계획할 때 정보 자료로 이용하고 실수나 잘못을 반복하지 않도록 해야 한다.[71]

(4) 공간 구성 연출계획

공간 구성 연출계획은 <표 5-1>에서 보는 바와 같이 단계적으로 진행된다.

① 목표의 설정(Target)

손님의 취향에 따라 분류 분석된 매장을 기준으로 우선 연출, Target을 명확히 할 필요가 있다. 연출 Target의 명확화란 어떤 타입의 손님들에게 어떠한 상품을 어떻게 제안하는 방법으로 판매하는가를 명확히 하는 것으로 그것을 세밀하게 검토하여 묶어 내는 것이 중요하다.

71 Frank, J. Bernard, Dynamic Display, Cincinrati: The Display Publishing co. 1956, pp.12~15.

② 소재 설정(Theme)

Theme의 설정은 매장이 표현하고자 하는 수준에 따라 달라진다. 연출 Target과 연출 Theme는 매장이 의도하는 고객층과 계획에 의해 표현된 것이 연출 Theme의 결정에 연결된다.

③ 전개 내용(Story)의 설정

연출 목표의 주제가 정해지면 그다음에 그 전개 스토리를 구체적으로 전개해나간다. 여기에는 그 상점 고객의 수준, 심리 감각에 따라 계절감을 시각적으로 전달해야 한다. 또한 사회의 사건, 거리의 화제성 등을 반영하여 다른 상점들과의 차별화로 연결되어야 한다.

④ 진열될 상품의 공간 결정

전개 스토리가 결정되면 디스플레이에 사용될 장치물과 상품이 진열되게 될 쇼윈도 공간을 계획한다. 연출은 장치물과 주력상품, 그리고 대등한 상품을 나누어 선택한다(<그림 5-1>).

〈그림 5-1〉 상품의 공간 설정

⑤ 전개 스토리의 결정

위의 과정을 지나 스토리가 결정되면 테마에 의해 계획된 장치물과 상품 구성 및 판매시점 부위 설정이 효과적으로 표현되어야 한다.[72]

이상과 같은 스텝을 지나 전개 스토리가 결정되며 여기서 상품연출의 가장 중요한 역할인 디스플레이 기능을 잘 검토하여 테마(Theme)에 의해 계획된 장치물과 상품구성 및 판매시점 부위 설정을 효과적으로 표현해야 한다.

---

[72] ティスフレイ技術, 미스꼬시 백화점 교육부, p.14.

판 매 계 획
상품의 분류와 정리
장소의 조건과 파악
진열상품과 STOCK 상품
보는 것을 유도 판매
상품의 분류와 정리
장소의 조건과 파악
Sale POINT
디스플레이 테마 설정
주상품의 SELECT
관계상품 · 소도구 SELECT
기본 COLOR의 설정
전체의 구성 설정
POP SHOW CARD 테마구체화
조명의 CHECK

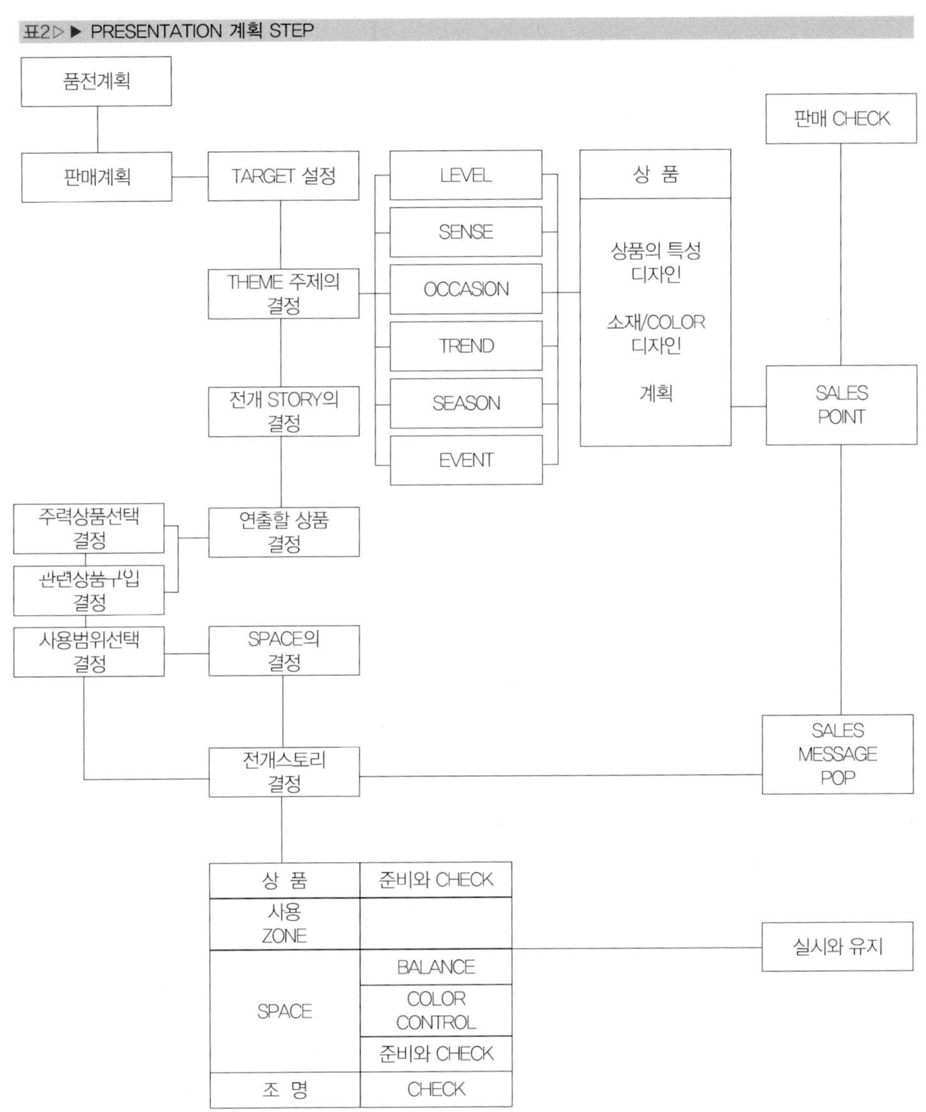

품전계획
판매계획
TARGET 설정
THEME 주제의 결정
전개 STORY의 결정
LEVEL
SENSE
OCCASION
TREND
SEASON
EVENT
상 품
상품의 특성 디자인
소재/COLOR 디자인
계획
판매 CHECK
SALES POINT
주력상품선택 결정
관련상품구입 결정
연출할 상품 결정
사용범위선택 결정
SPACE의 결정
전개스토리 결정
SALES MESSAGE POP
실시와 유지
상 품
준비와 CHECK
사용 ZONE
SPACE
BALANCE
COLOR CONTROL
준비와 CHECK
조 명
CHECK

(5) 공간 구성 연출 기법

쇼윈도의 상품진열 구성 방법에 의한 조형적인 미와 형태에 의해 통행인의 시선이 유인되며 동시에 쇼윈도 전체가 정리되어 보여서 상품의 구매 호소력을 크게 할 수 있다. 실제 구성에 있어서는 보는 사람의 위치나 이동에 의해서 생기는 시각적인 변화로 인해 시선, 공간, 상품의 관계를 잘 파악하고 상품의 크기, 조화, 형태, 색채 등 상호 관련성을 고려하여 주어진 공간에 상품의 진열 위치를 잘 선택하여 알맞게 붙이거나 걸거나 세워서 구성해야 한다. 또한 상품 진열에 있어 여백에 의한 공간 효과를 기대할 수 있는데 일본의 和田季說은 공간에 1/3의 여백에 주는 여백 평면 계획(White Space Plan)을 주장하고 있다.

① 기본 구성

공간을 구성할 때에는 상품이 잘 보이고 알아보기 쉽게 전체의 요점을 정리함으로써 통행인의 시선을 유도할 수 있도록 해야 한다. 구성 형태를 살펴보면 다음과 같다.

가. 삼각형 구성

안정감, 장중함, 격조 높은 이미지를 가진다.

정점은 방향감과 움직임을 느낄 수 있도록 하며 소도구 및 중점적 요소는 좌우 비대칭이 되도록 한다. 마네킹, 토르소를 사용한 연출에 적합하다.

나. 직선 구성

수직구성과 수평구성으로 나눌 수 있는데 차가운 감을 주며 남성적이지만 리드미컬한 상태도 표현할 수 있다.

다. 곡선 구성

물 흐르는 듯한 유연함이나 실루엣을 표현할 수 있기 때문에 부인복이나 아동복 진열에 적당하다. 부드럽고 자연스러운 상태를 표현할 수 있다.

라. 원형 구성

단일 상품이나 중량감이 적고 작은 상품을 반복 진열함으로써 중앙의 시각적인 초점을 강조한 구성 방법이다.

마. 방사선 구성

보다 입체적이고 부드러운 이미지를 가진다. 한 점을 중심으로 율동 있게 동적으로 표현할 수 있으며 방사선의 길이가 같을 경우 안정감을 주지만 길이가 다를 경우에는 율동감과 경쾌한 느낌이 든다.

② 장소에 따른 구성

디스플레이는 장소나 목적에 따라 기법과 연출이 다양하므로 분류의 어려운 점은 있으나 구성하는 장소에 따라 분류한다.[73]

가. 벽면 구성 디스플레이

쇼윈도의 벽면 넓은 기둥에 주로 장치하며 구성상 벽면 상태를 고려하여 종이를 이용하여 의복에 넣어 입체적으로 포즈를 구성하는 장식이 많이 사용된다.

73 大橋雅子, チイスフレイ, テクニク, 문화출판국, 1980. p.74.

나. 바닥 구성 디스플레이

쇼윈도 바닥이나 점내 스테이지, 선반 위 케이스 내부의 수평면에 장식하는 디스플레이를 말하며 스탠드 행거(Stand Hanger), 토르소(Torso), 마네킹(Mannequin)의 보조기구를 사용한다. 또한 바닥은 수평이며 기타 소도구는 수직형으로 수직과 수평구도가 이루어지므로 입체 구성의 포인트를 장식한다.

다. 공간 구성 디스플레이

벽면 구성, 바닥 구성 등을 종합한 넓은 의미의 디스플레이로 공간을 이용하여 낚싯줄과 핀워크(pin work)로 입체감을 표시하여 양감을 준다.

③ 균형에 따른 구성

이 구성에서 균형은 하나의 상품별로 갖는 이미지를 보다 더 효율적으로 표현하기 위한 것이다.

가. 대칭의 배치(Symmetric Balance)

좌우가 같은 균형으로 놓여 있는 배치로 격조나 장중감, 침착성을 추구하고 싶은 경우에 적당하다.

나. 비대칭의 배치(Unsymmetric Balance)

양쪽이 같지 않은 배치가 주가 되는 요소로 의식적으로 중점에서 벗어난 배치로 젊음, 활발함을 추구하고 싶은 경우에 적당하다.

④ 기법에 따른 구성

가. 디스플레이의 군집

특정 상품을 눈에 띄게 하는 방법의 공간구성에 있어서는 상품의 군집이라는 기법이 있다.[74] 이것은 디스플레이에 있어서 최대 효과를 기대할 수 있는 적당한 양의 상품을 주변에 충분한 공간을 남겨 진열하는 것으로 상품에 주의를 끄는 힘이 세고 시각 판매의 효과가 큰 것이다.

74 ティスフレイのテクニクアライテイラ, 동경, 성문당신광사. 1975, pp.106~107.

나. 디스플레이의 공간 설정

군집에 의해 공통점이 있는 상품을 모은 경우 군집과 군집의 상대(相對) 관계를 만들어 내는 사이의 간격을 잡는 것을 공간 설정이라 한다.

■ 동일한 양을 가진 상품

이들 상품에 정착된 율동적인 디스플레이를 하려고 하면 사이의 간격을 같게 하고 상품의 각도도 같게 해서 연속적으로 반복하면 좋다.

■ 상품이 다른 경우

같은 사이 간격으로 같은 각도로 연속 반복하면 고객에 따라서는 어떤 상품에 눈을 주면 좋을지 순간의 망설임을 발생시켜 시간의 여유가 있는 사람만이 진열 상품에 주목하게 될 수도 있다. 특수한 시각 효과를 원활하게 할 때 이외에는 사용하지 않는다.

■ 크기가 다른 경우

다량의 상품에 크기의 대소가 있는 경우에 이것은 율동적인 시각 효과를 주어 좋은 구성이 되게 크기를 잘 배치한다.

■ 황금분할의 작용

상품의 디스플레이를 보았을 때 보는 사람에게 호감을 줄 수 있는 하나의 비례를 만들어 내는 공간의 기법이 있다. 그것은 황금분할이라고 불리는 비로 예를 들면 하나의 공간에 상품을 디스플레이할 때 중심을 그 공간의 바로 중앙에 두는 것은 단조로워지기 쉬우므로 약간 가장자리 쪽에 가깝게 중심을 둔다고 하는 방법이다. 결국 5:8의 점에 전체를 압도하는 요소를 배치하는 것이다.

(1) 판매시점계획

① 디스플레이에 의한 판매 5단계

디스플레이란 광고의 일부라 할 수 있으므로 먼저 광고의 원칙을 이해하여야 한다. 광고의 원칙은 아이드마(AIDMA)라고 하는 다음 5개 요소로 구성되어 있다.

A: 주의를 환기시킨다.

I: 흥미를 일으킨다.

D: 욕망을 느끼게 한다.

M: 기억하도록 한다.

A: 행동을 일으키게 한다.

AIDMA			가치 있게 구체적으로 표현
	주 의 Attention	쇼윈도의 조명을 밝게 한다. 간판을 동적으로 한다. 디스플레이 테마를 동적으로 한다. Idea를 주목하게 한다.	
	흥 미 Interest	디스플레이 코디네이트 언제, 어디서, 무엇을, 어떻게, 왜 기본적인 욕망을 자극하여 흥미를 준다.	
	욕 망 Desire	상품의 질을 보장 인기 제품, 표현 경쟁 상품보다 우위성 사지 않으면 손해 본다는 생각	
	기 억 Memory	상품 Brand의 식별 어떻게 알 수 있는가 제시 기분 좋은 연상 기억에 남는 Idea 표현	
	행 동 Action	꼭 사고 싶은 욕망을 충족 판매 서비스를 친절하게 한다. 철저한 After Service	

어떠한 형태의 광고일지라도 이 5개 요소가 잘 짜여 있지 않으면 효과가 나타나지 않는다. 광고가 단지 주의만을 끌거나 흥미 본위로 제작되었든가 너무 강하게 팔고자 하는 것만으로는 상품을 팔고자 하는 목적을 달성하기 어렵다.

이러한 점은 디스플레이에 대해서도 적용할 수 있는데 프랭크 버나드(Frank J. Bernard)[75]에 의하면 "판매는 쇼윈도의 동적인 힘을 결정하는 원리(Principles of Determining the Dynamic Force of Show Window)"라고 하였는데 그는 디스플레이에 의한 판매 단계를 아래와 같이 구분했다.

A: 통행인의 주의를 끈다.

I: 흥미를 자극한다.

D: 욕구를 발생시킨다.

C: 확신을 갖게 한다.

A: 구매결정을 유발한다.

각 항목별 판매 단계는 다음과 같다.

---

75 Frank J. Bernard, Dynamic Display, Cincinnati: the Display Pudlishing co., 1956, p.6.

■ 주의를 끈다(Attract Attention)

디스플레이는 광고와 달리 주의를 끄는 것만이 아니고 통행인이 흥미를 느낄 때까지 그 주의를 붙들어야 한다. 그러기 위해서는 보행자가 길을 들어섰을 때, 디스플레이의 주의력은 그를 멈추게 하고 길에서 벗어날 때까지 충분히 강하게 작용하여 인상에 남도록 해야 한다.

■ 흥미를 자극한다(Arouse Interest)

통행인은 목적 없이 쇼윈도에 접근하고 그의 배회하는 눈길은 디스플레이의 집점이나 시각화의 중심점이라 할 수 있는 어떤 긍정적인 것이나 인상적인 것에 의하여 끌리게 된다. 고객의 관찰은 단순한 선들을 따라서 장식으로부터 상품, 쇼 카드(Show Card) 그리고 마지막으로 가격표(Price Tag)에도 유도된다. 고객은 시각적인 회유를 하는 동안에 흥미에 사로잡히게 되며, 이렇게 하여 디스플레이는 적극적이고 호감 있는 반응을 불러일으키게 된다.

■ 욕구를 발생시킨다(Create Desire)

디스플레이의 모든 노력의 논리적인 귀결은 판매에 있다. 통행인을 즐겁게 해 주는 것에 그치지 않고, 상품을 팔고자 하는 것이므로 이것을 성취시키기 위해서는 고객에게 상품에 대한 충동적 욕구를 불러일으키지 않으면 안 된다. 상품의 이점과 새로운 특징을 모두 표현해야 하며 상품에 대한 확신과 제품에 대한 신념을 확보해야 한다.

■ 확신을 갖게 한다(Win Confidence)

디스플레이는 고객에게 물건을 사는 것이 안전하고 경제적인 구매라는 정도로 판매 메시지를 주어야 한다. 이를 위해 디스플레이와 상품의 명성을 높여야 하며 신뢰성의 분위기를 부각시켜야 한다.

■ 판매결정을 유발한다(Cause Action to Buy)

잠정적 고객이 신속성의 분위기로 유도되면 자연히 판매로 연결된다.

위의 5단계 중 어느 하나라도 빠지거나 쓸모없어지면 그 연결이 끊어지고 질서가 문란해지며 좋은 결과를 얻을 수 없게 된다.

② 고객구매심리 7단계와의 비교

福澤三養은 고객이 상품을 보고 나서 구매할 때까지 다음과 같이 7단계의 심리적 변화를 거치게 된다고 했다(<표 5-4>).[76]

- 주의
- 흥미
- 연상
- 욕망
- 비교
- 신뢰
- 결정

76 福澤三養, 『Display』, 동경: 성문당신광사, 1975.

단계	방법	고객에 대한 서비스	디스플레이에 의한 배려
1. 주의	주목시킨다. 판매상품의 겨냥 데몬스트레이션	1. 소구력 있는 진열 2. 프라이스카드, 쇼카드의 첨부 3. 소리, 접촉, 맛의 효과	색채, 조명, 형태의 효과 POP광고(다이내믹한) 청각, 시각, 미각에의 소구
2. 흥미	관심을 끈다. 공감을 부른다.	1. 움직임, 변화의 연출 2. 사용유도 3. 세일링 포인트, 상품지식의 표시	의외성의 강조 촉각 POP광고(상품설명)
3. 연상	실감상상(實感想像)에 의 유도 불쾌감을 배제한다. 독점욕의 환기	1. 실감 진열 2. 계설감의 표현 3. 사용상의 편익	모델룸 코너, 보조기구의 활용 장식, 사진 패널, 조화 POP광고(기능, 특징) POP광고(매스컴광고와의 관련)
4. 욕망	생활향상의 원망 향락의 꿈을 심는다. 인기의 소구	1. 희소가치의 소구 2. 세일링 포인트의 강조(반복) 3. 빨리 사지 않으면 손해 본다는 소구 4. 기본적 욕구의 소구	가치 강조의 연출 특가의 연출 생존, 건강, 성, 개인존중 오감의 향락
5. 비교	다종목 상품재고 선별의 용이하다.	1. 유사품과의 비교 설명 2. 구매희망상품의 특징 명시 3. 가격에 대한 납득	분류 진열 POP광고(이점의 강조) POP광고(싸다는 소구)
6. 신뢰	확신을 갖게 한다. 행동을 요청한다. 행동을 명령한다.	1. 품질의 보증 2. 반품 교환의 약속 3. 애프터서비스의 명시	메이커명, 브랜드, 보증서 첨부 POP광고(기업 이미지) POP광고(서비스–에어리어, 기일명시)
7. 결정	만족감을 준다.	1. 신속한 포장과 계산 2. 추가판매에의 유도 3. 마음으로부터의 인사	관련 진열 관련 추가 구매상품의 적소 배치

③ POP 광고

POP(Point of Purchase) 광고는 유통업체의 점내에 제시하는 표현물이다. 이 POP 광고는 소비자에게 상비 지식을 갖도록 하여 내점 동기를 부여하는 수단이며 셀프서비스나 셀프 셀렉션 매장에서는 POP 광고에 의한 상품설명 가격표현의 효과는 판매원 이상의 효과를 준다.

표5▷ ▶ 7단계의 심리적 변화

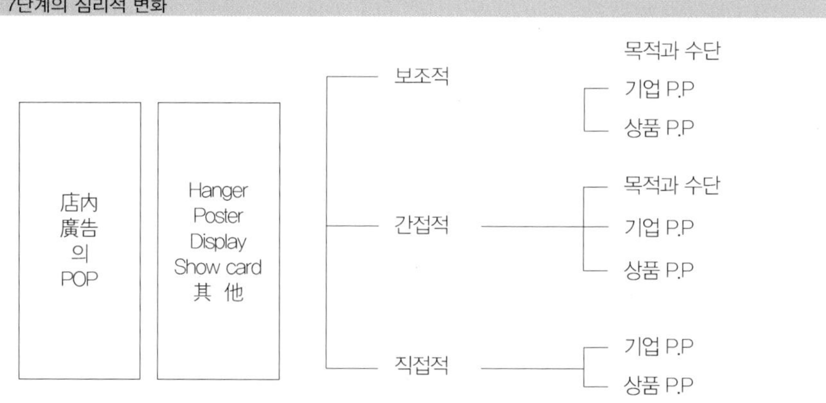

(1) 색채계획의 의의

디스플레이에 있어 색채는 통행인의 시선을 끌고, 조명과 함께 시각효과를 좌우하는 요소로서 연출효과에 큰 영향을 끼친다.

특히 VP(Visual Presentation)에 있어서 색의 중요성은 판매에 직접적인 영향을 주며 색채는 인간의 심리에 작용하여 감성효과를 나타내 연상력을 수반하고 충동을 일으킬 뿐 아니라 시각적으로 특수한 생리적 반응을 일으킨다. 따라서 디스플레이 색채는 사용되는 색 자체의 성질과 광선 및 색조명의 성질 그리고 제작물 자체의 색채나 질감 등에 의해 영향을 받고 서로 배색되어 상반된 색을 형성, 상대의 색을 돋보이게 한다.

잘 사용된 색채는 감각을 자극하고 구매 의욕을 불러일으키며, 잘 조화된 음의 배합과 같이 색채를 과학적으로 분석해서 계획성 있게 활용하면 그 점포의 환경과 분위기를 상쾌하게 능동적으로 만들어 주목률을 높여 판매에 있어 결정적인 효과를 얻을 수 있다. 또한 디스플레이에 있어서 색채를 생각할 때는 단순히 색상만의 문제가 아닌 도료에 의한 색채, 조명에 의한 색채, 질감과 재료 자체에 따른 색채효과 등에 대해서 연구해야 한다.

① 색채의 이미지적인 효과

가. 중량감과 경량감

무거운 느낌의 색, 가벼운 느낌의 색이라고 하는 표현은 많이 사용되고 있다. 즉 외관상으로 색을 판단해 볼 때 밝은색 쪽이 가볍게 판단되며 명도의 영향이 가장 크다. 중량감은 상품의 특성과 목적에 따라 효과적으로 사용할 수 있는데, 회전체의 디스플레이에서는 눈에 띄는 동시에 경쾌한 색채감이 필요하고 볼륨을 나타낼 때는 명도가 낮은 무거운 색상을 사용하는 것이 좋다.

나. 온도감

온도감은 색상에 의한 효과가 강하다. 저명도는 찬 느낌이 강하며 무채색의 경우 명도가 높으면 차갑게 느껴진다. 명도가 낮은 검정계통은 좀 따뜻하게 느껴지므로 겨울에 많이 사용된다.

다. 화려함과 수수함

색의 이미지를 말하는 경우로서 고채도, 고명도의 경우에 화려하고 저채도, 저명도의 경우에 수수한 느낌이 든다. 색상의 효과는 약하나 대개 황색 계통은 화려하고 청·녹색 계통은 수수한 느낌이다. 그러나 화려하고 수수한 느낌은 그 색을 사용한 상품, 장소, 대상에 따라 많이 달라진다.

라. 청결함과 탁함

전부터 흰색은 청결의 상징이었고 현재에는 공업디자인 분야(냉장고, 주방기구류)에 많이 도입되고 있으며 검정은 불길한 감이나 우울한 감을 주는 이미지가 있다. 요즈음에는 흑과 백의 강한 콘트라스트로 강한 개성을 연출할 수 있는데, 윈도나 점포 내를 흰색으로 하면 빛의 대부분을 반사하기 때문에 눈이 부시며 색채감정으로서 쓸쓸함을 느낄 수 있고 시선을 끄는 힘이 부족하나 의류의 텍스추어와 색광의 문제를 고려하여 디스플레이를 하면 오히려 효과적이다. 벽면을 흰색의 +, − 변화가 있는 재료에 색광조명을 효과적으로 사용하는 것도 한 방법이다. 흑색은 빛을 흡수하기 때문에 광원이 많이 필요하며 사람을 끄는 힘이 약한 단점이 있으나 오히려 조명효과를 잘 사용하면 배경을 약하게 하고 상품이 돋보이게 할 수 있다.

(2) 계절 7감이 있는 색

춘하추동의 계절감에 맞는 색채는 의류매장 디스플레이에서 중요한 역할을 한다. 또한 색채에 따라 계절감이 있어서 단색 혹은 2백색 이상의 배색이라도 표현할 수 있다. 대체로 여름과 겨울은 그 계절 나름의 색보다는 오히려 그 계절의 반대되는 색으로 계절감을 느끼는 경향이 있다(<표 6>).

(3) 유행색

의류에서 시작한 유행이라는 것은 사회현상으로서 다른 면에까지 영향을 미친다. 의류의 기능별, 용도별 색의 차이는 점차 불명확해지고는 있으나 디스플레이 분야에서도 고객층의 색상 선호도나 계절별 유행색을 재빠르게 파악하여 의류의 코디네이트(Coordinate)는 물론 배경의 색, 진열 기구들이 잘 조화로울 수 있도록 이용해야 한다.

(4) 색채계획의 일반적인 방법

가. 강한 대비(Contrast)의 화려한 색채를 사용하되 화려한 색채로 넓은 면적을

칠하지 말 것이며, 둘 또는 그 이상의 색으로 조합하지 말아야 한다.

나. 배색계획은 반드시 상품 그 자체의 색상을 중심으로 세워져야 한다. 상품표시에 있어서 상품의 색채와 배경색과의 효과적인 방법은 <표 5-6>과 같다.

다. 상품의 진열방법은 색채 선택에 관계되어야 한다. 예를 들면 저가품의 상품은 비교적 생기 있는 색조(Shades)의 색채계획(Color Scheme) 속에서 진열되는 것이 효과적이다.

라. 밝은 색조(Light Shades)는 그 크기를 증가시키는 것처럼 보이게 하는데, 어두운 색조(Dark Shades)는 그 반대의 경우에 사용되는 것이 효과적이다.

표6▷ ▶ 상품의 주요색과 배경색과의 배색관계

상품 자체의 주요색채	배경색
블루	라이트블루, 라이트그레이
브라운	크림, 아이보리, 베이지
그린	크림, 라이트블루
레드	핑크, 그레이, 아이보리
바이올렛	그레이, 라일락, 시클라멘

마. 난색 계열의 색은 눈에 인상적이며 상품의 외관을 강조하여 배열된 상품을 돋보이도록 하는 데 주로 사용하고, 한색은 조용하며, 균형을 이루고 있는 상태를 나타내게 하는 데 사용해야 한다.

바. 주조색에 인접한 색의 사용에 있어서는 한색계 옆에는 보라색을 사용하여 침울하지만 장엄하고 현대적이며 유쾌한 분위기를 나타내고 난색계 옆에는 자주색을 써서 존엄한 분위기를 연상시키도록 한다.

사. 상품의 색채가 두 가지 색조로 이루어져 있을 때 배경장식을 위한 색은 주로 사용되는 색 중에서 하나를 선택하여 세 번째 색으로 사용하는 것이 효과적이다.

아. 한 종류의 진열에서 두 가지 기본적 색채 이상의 색채가 융화되었을 때 파스텔 조의 배색방법을 사용하는 것이 효과적이다. 예를 들면, 옐로우와 라이트그린이 기본색일 때 그다음 색은 화이트를 쓰면 파스텔조, 배색방법이 된다.

자. 다색의 색채구성은 무지개 조화와 같은 방법이 효과적이다.

(5) 디스플레이의 색 배분

매장의 디스플레이를 할 때는 소재나 색의 강약에도 이야기되지만 색 조합의 방법은 색은 세 가지 골랐을 때 주되는 색을 60%, 주되는 색을 따르는 색을 30%, 그리고 악센트가 되는 색을 10%의 비율로 배분해야 한다.

이것을 기본으로 해서 머리에 새겨 두고 색의 배합이나 밝고 선명한 조합에 의해서 적당히 디스플레이에 적용할 줄 알아야 한다.

(6) 배경과 상품의 색채관계

배경의 색과 상품의 색은 떼어 놓을 수 없는 관계에 있으며 이것을 무시해서는 좋은 디스플레이를 할 수가 없다. 배경을 자유롭게 변경할 수 없을 때는 아이디어에 착안해서 어떤 상황이든 상품의 존재를 돋보이게 하는 데 중점을 두고 그때그때의 색을 정한다. 상품을 돋보이게 하기 위해서는 일반적인 배경과 상품의 색과 관계는 다음과 같다.

가. 밝은 상품일 때는 배경을 어둡게 하고 반대로 어두운 상품일 때는 배경을

밝게 한다.

나. 색채가 빛이 안 나는 상품일 때는 상품의 존재감을 망치지 않을 정도의 배경을 화려하게 하고 색채가 찬란한 상품일 때는 배경을 무채색에 가까운 색을 사용해야 한다.

다. 복잡한 색으로 배합된 상품일 때는 그중의 한 색을 배경의 색으로 사용한다.

이런 관점에서 볼 때 디스플레이 계획에서는 단순히 색채만을 생각할 수 없으며 시각적인 것, 심리적인 것, 미적인 것 등의 제 요소 등이 큰 비중으로 상호에 관련함으로써 단순한 색채조절보다는 종합적 색상을 결정한 후 그 범위 내에서 디자인 전개를 시도하는 방법으로 인테리어나 아동복 진열에 적당하다.

:: 일반적으로 조명이라 하면 사람들은 보통 물체를 밝게 보이게 하기 위해서 사용되는 걸로 의미를 두지만 디스플레이에서 조명이라는 것은 물건을 밝게 보이게 하는 것뿐만 아니라 아름답게 보이게 한다는 의미가 더욱 클 것이다. 그러므로 광원과 함께 조명기구 그 자체의 형도 크게 영향을 가져온다는 것을 감안해야 한다. 밝다는 것으로는 해결되지 않는다. 같은 밝은 것이라도 전시물이 복잡한 형태를 지니고 있을 경우에는 사람의 눈에 비치는 밝음은 대단히 달라 보이는 것이다. 점포를 구성하는 요소는 많지만 그중에서 조명은 인간이 정보를 받아들이는 능력의 87%를 점하고 있다고 한다. 따라서 조명계획은 다음과 같은 점을 고려하여야 한다.

① 업종, 규모, 고객의 층, 주위환경과 조화를 이룰 수 있어야 한다.[77]

② 점포가 눈에 띄고 개성적이어야 한다.

③ 점포 내로 들어오기 쉬운 분위기를 만들어야 한다.

④ 점포의 격조를 높일 수 있어야 한다.

⑤ 상품의 매력을 강조할 수 있어야 한다.

---

[77] 圖解販賣演出のすへて, 성문당신광사.

구분		기준 조 명 도 진 열 강조부분(LUX)	조 명 포 인 트
잡 화	액세서리 GOODS 구두, bag	1,000 1,000~1,200 800~1,200 1,500~2,000	· 기본조명으로 매장 전체를 밝게 비춘다. · 강조부분은 스폿(spot) 효과로 음영을 고려한다.
단 품 캐 주 얼	블라우스	1,000~1,200 2,000~2,500	· 전체적으로 밝게 하고 청결감을 연출한다. · 포인트에 맞추어 spot을 사용함으로써 눈길을 끈다.
	스웨터 면 셔츠	1,000~1,200 2,000~2,500	· 전체적으로 밝게 하고 spot 효과로 상품의 깊은 맛을 연출한다.
	스커트 내의류 재킷	800~1,000 2,000~2,500	· spot을 많이 사용해 상품에 음영을 준다.
드 레 스	슈트 원피스 코트 드레스	700~900 2,000~2,500 1,000~1,200 2,000~2,500 600~800 2,000~2,500	· spot 효과로 상품에 등급을 연출한다. · 계절부분은 전체적으로 밝게 하고 상품연출은 spot을 사용한다. · 간접조명으로 매장을 부드럽게 하고 소프트한 분위기를 연출, 일부 spot으로 상품에 음영을 준다.

종류는 빛의 분산방법과 조명기구에 의한 것으로 나눌 수 있다.

(1) 빛의 분산방법에 의한 분류

조명은 빛의 배분에 따라 직접, 반직접, 반간접, 간접, 확산의 5가지로 나눌 수 있으며 그 중에서 대표적인 2개의 방식은 다음과 같다.

① 직접조명

빛의 대부분이 작업 면에 직접 반사되어 효율이 높고 천장이나 벽으로부터 반사의 영향이 적어 설계가 간단하며 빛의 밝음의 차이와 그림자가 생기지만 입체적 형태의 식별에는 편리하다.

② 간접조명

천장 전반이 광원으로 되어 있으므로 눈부심이 없고 밝음의 차이와 그림자가 없는 균등한 조도를 얻는다. 심한 그림자가 생기지 않아 물체의 입체감이 적다.

(2) 조명기구 형태에 의한 분류

조명기구의 형태는 용도에 따라 적합하게 사용될 수 있도록 형태 지워진 기구의 형식에 따라 분류되며 상품의 특징과 진열될 위치를 고려하여 선택하는 것이 중요하다.

① 베이스 라이트(Base Light)

전체적인 조명으로 점포 내 전체를 평균적으로 밝고 온화하며 즐거운 분위기를 만든다.

② 다운 라이트(Down Light)

아래쪽을 중심을 조명하는 방법으로 점두나 윈도 또는 상품 조명의 밝기를 증가시키는 데 효과적이다.

③ 스포트라이트(Spot Light)

특정 상품을 집중적으로 비추어 그 상품을 강조시키고 싶을 때 사용되며 광선이 눈에 직접 비치지 않도록 각도를 고려한다.

④ 악센트 라이트, 액세서리 라이트(Accent Light, Accessory Light)

조명기구 그 자체가 점포 내(內)나 코너의 악센트와 무드를 만드는 역할을 한다. 상품과의 조화가 필요하며 명도는 낮은 것도 사용된다.

⑤ 풋라이트(Foot Light)

아래쪽에서 조명하는 방법으로 진열 면을 전체적으로 같은 정도의 밝기로 하고 싶을 때 효과적이다.

⑥ 백라이트(Back Light)

안쪽 정면 등의 집시 포인트, 코너 등 특히 눈에 띄게 하고 싶은 장소나 색조가 어두운 상품 또는 투명한 란제리 등의 상품에 효과적이다.

⑦ 밸런스라이트, 코니스라이트(Balance Light, Cornice Light)

벽면을 밝은 광원으로 하는 방식으로 차광판을 사용한 조명으로 벽면 조명용이 있다.

다부일식 간접조명 ◀▽

△ ▶ 명선옥 조명

▽ ▶ 삿뽀로(이자카야) 외부조명

세븐몽키스 직접조명 ◀ △

세븐몽키스 직접조명 ◀▽

△▶ 송추가마골 직접조명(매립등)

▽ ▶ 스시앤조이 직 · 간접조명

스시앤조이 직 · 간접조명 ◀ △

한국본갈비 간접조명 ◀▽

△▶ 한신포차 직접조명

▽ ▶ 마리스코 에스컬레이터 조명 1

마리스코 에스컬레이터 조명 2 ◀ △

마리스코 에스컬레이터 조명 3 ◀▽

△ ▶ 마리스코 에스컬레이터 조명 4

▽ ▶ 마리스코 에스컬레이터 조명 5

고객을 한눈에 사로잡는 상업공간의 VMD 디자인 마케팅 :: 개정판

PART 6

::

상업공간 쇼윈도 디스플레이를 위한 VMD 연출계획

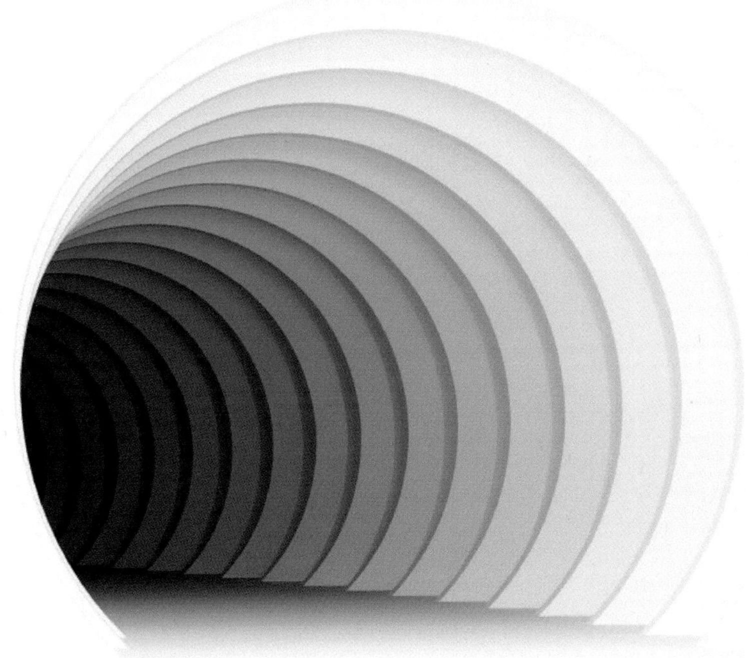

1. 계획의 기본 ::

:: 경제성장으로 인한 많은 매장의 출현은 고객을 점내로 유도하는 쇼윈도 디스플레이 연출의 중요성을 강조하였다. 매장의 판촉 이미지 부각을 위해서는 디자인 코디네이트 된 시각상품 연출의 내용이 적절히 그 점포 내에 수용되어 있어야 한다. 그러나 현재 OO 중심부에 있는 여성의류매장들의 전반적인 쇼윈도 디스플레이 연출의 실태는 통일적 시각 연출력 결여 및 형식적이며, 획일적인 판촉으로 고객에게 충동적 구매를 시키는 간접적인 판매역할의 기능이 부족한 실정이다. 따라서 본 계획의 목적은 고객이 매장에 가장 먼저 접하는 판매전위(前衛)뿐만 아니라 고객에게 전달하고자 하는 판촉계획과 시각상품 연출 전달의 매체로서 중요한 역할을 하는 쇼윈도 공간을 설정하여 계절, 행사에 따른 테마에 의한 장식적인 연출 및 시각적으로 형상화 처리된 쇼윈도 공간연출을 계획하여 그 계획에 의거 다른 전시 부위와의 일괄된 디스플레이 연출로 고객에게 매장에서 표현하고자 하는 이미지를 효과적으로 전달하는 데 그 목적이 있다.

:: 쇼윈도 디스플레이의 주요기능은 상점 앞을 지나는 사람으로 하여금 상품을 구매하도록 하는 데 있다. 이러한 목적을 위해 고객의 시선을 끌 수 있는 극적인 상점 내용이 연출되어야 한다.

이와 같은 주목 효과를 보다 높이기 위해서는 의외성을 강조한 상품 자체의 변화진열에 의한 방법과 장식을 이용하는 방법이 있다.

본 계획안의 테마는 '바쁜 도시 생활 속의 자유로운 도시인'이다.

바쁜 도시 생활 속에서도, 여유로움을 추구하며 열심히 자신의 일을 해 나가는 도시적 이미지의 커리어우먼의 활기차고 생기 있는 모습을 그린다는 것이 기본 콘셉트이다.

이 콘셉트를 연출 테마에 반영시켜 디스플레이를 통하여 매장의 성격을 파악할 수 있도록 한다.

그 내용 묘사는 상품 구매 대상을 20대 초반에서 중반의 여성으로 설정했으므로, 이런 젊고 활동적인 감각세대의 시선을 끌기 위해 무거운 것보다는 가벼운 쪽을, 복잡함보다는 생략되고 함축된 느낌을 추구하도록 한다. 그리고 소품은 시선을 끌 수 있는 소재들로 눈에 거슬리지 않게 조형적으로 진열한다.

① 공간설정

○ ○ ○에 위치한 여성의류 매장의 W.D.H 3,800 × 1,000 × 2,600mm 쇼윈도로서 평면형식은 평형, 단면형식은 단층형, 배면형식은 폐쇄형의 조건하에서 계획한다. 쇼윈도의 시선을 유도할 수 있도록 계획되어 보기 쉽고 소구력을 높이기 위해서는 인간 공학적인 면에 있어서 시야의 범위를 고려하여 계획한다.

시선의 흐름은 구성의 효과를 좌우측으로 볼 수 있는 시야의 범위 중 120° 이내와 눈높이(女, 155㎝) 기준으로 20° 아래에 시각의 포인트를 주어 전반적인 연출 이미지를 표현하였다.

② 연출 구성 계획안

산업화된 현대 도시를 대표하는 '건물'을 간략하게 도식화하여 세우고 기존의 딱딱한 사각 틀을 탈피해 율동감 있게 묘사한다. 또한 마네킹의 포즈도 활동성 있게 잡는다. 춤을 추는 듯, 날아가는 듯한 포즈들이 자유로움을 잘 표현해 내고 선

구성 또한 리듬감을 더해 주어 전체 공간에 생동감을 느끼게 한다.

이 매장은 윈도를 통해 사람들에게 하나의 이야깃거리를 제공한다는 것에 중점을 두었다.

(2) 색채계획안

색채의 배색을 활용하면 연출 효과를 한층 돋보이게 하므로 여출목적에 맞도록 색 배합에 주의하는 것이 대단히 중요하다.

· 주조색: 전체적 건물색인 그레이 색을 사용한다(Gray).
· 보조색: 보조적인 역할이므로 주조색과 강조색의 사이에서 두 색의 이미지를 연결시켜 주는 컬러를 사용한다(Yellow, Blue).
· 강조색: 유인력을 갖도록 눈에 띄는 강한 이미지의 색을 쓴다(Green, Yellow).

(3) 조명계획안

고조도를 주어 극적인 쇼윈도 효과를 내는 데 주안점을 두고 있다.

Down Light와 Down Spot을 전체 조명으로 하고, 상품이 있는 부위에는 할로겐

스폿(Spot Light)을 집중조명으로 하여 상품의 특성을 강조하였고, 부분별로 조도 및 광원의 종류를 달리했다.

① 조명의 쇼윈도에 활용법

조명효과에서 무엇을 보이고자 하는가를 명확하게 하기 위해 보이고자 하는 상품에 집중적으로 조명을 비추어야 하는데, 상품 중에서 제일 부각시키고자 하는 것, 쇼윈도의 주장이나 테마가 느껴질 수 있는 것을 고려하여 고객의 시선이 끌리도록 조명을 활용하는 기술이 필요하다.

그 활용 방법에 따라 삼람집중법(三覽集中法)과 삼점집중법(三點集中法), 두 가지로 나눌 수 있다.

가. 삼람집중법

점포를 대표하는 주 강조부분 3곳을 다른 연출 장소보다 집중적으로 조명을 비춰 눈에 띄게 한다.

나. 삼점집중법

진열상품 중 대표적인 상품 3점에 삼각형 모양으로 집중적인 스폿 조명을 비추는 것으로 조명의 부위는 상품의 앞가슴을 비추는 것이 효과적이다.

상품에 스폿 조명을 비출 때의 각도는 $45 \sim 60°$가 적당하나 상품의 종류와 특징에 따라 각도의 조정이 필요하다.

참고문헌

◎ 국내서적
1. 김동기, 『마케팅 정보 시스템론』, 서울: 박영사, 1984.
2. 김광억 · 이문웅 · 한상복, 『문화인류학 개론』, 서울대출판부, 1985.
3. 박재호, 『소비자 행동연구』, 서울: 탐구당, 1988.
4. 유동근, 『소비자 행동이론』, 서울.
5. 유붕노, 『시장조사론』, 서울: 법문사, 1982.
6. 유영배, 『유통환경 디스플레이』, 도서출판디자인하우스, 1989.
7. 이광규, 『문화인류학의 세계』, 서울대출판부, 1980.
8. 이철원 역, 『조명연출의 이해』, 서울: 도서출판국제, 1991.
9. 임원순, 『마케팅 원론』, 삼영사, 1982.
10. 정순태, 『마케팅관리론』, 법문사, 1983.
11. 최병용, 『신(新) 마케팅』, 서울: 박영사, 1981.
12. 차배근, 『커뮤니케이션학 개론』, 서울: 세영사, 1986.
13. 이철원 · 정필원, 『실전디스플레이 1, 2』, 이즘, 1993.
14. 심낙훈, 『디스플레이』, 도서출판 집문사, 1991.
15. 이영주, 『VMD에 따른 패션디스플레이』, 미진사, 1993.
16. 임긍환 외 3인, 『실내건축 재료학』, 도서출판 서우, 2002.

274

◎ 국외서적
1. B. Martin Pedersen, Graphics Annual Reports 2, 1989.
2. A/S/M Communication' Inc., Adweek Porttolis, Volume 2, International Edtion, 1987.
3. Haruhisa Hattori, How to Understand and Use Disply, Graphic sha, 1988.
4. James F. Engel, David T. Kollat, Roger D. Black Wall, consumer Behavior, N, Y Holt, Rinehart and
    Winston Inc., 1986.
5. Rikuyo−sha Publishing, Display & Commercial Space Designs, Vol.17, 1989.
6. 伊藤時男, Window Displays in New York, 講談社, 1990.
7. 株式會社 六埜社 書採編集部, Worldwide Interiors, 1987.

◎ 학위논문
1. 고순옥, 「백화점 쇼윈도 디스플레이를 위한 Visual Merchandision에 관한 연구」, 홍익대 석
    사논문, 1984.
2. 김영신, 「판매촉진을 위한 의류매장 Display에 관한 연구」, 숙명여자대학교, 석사논문,
    1983.
3. 신경진, 「기업이미지와 제품선택에 관한 실증적 연구」, 고려대 석사논문, 1988.
4. 심낙훈, 「Visual Merchandising을 위한 백화점 디스플레이 계획에 대한 연구」, 홍익대 석사

275

논문, 1986.

5. 유호창, 「백화점 매장공간 디자인에 관한 연구」, 홍익대 석사논문, 1986.

6. 장지희, 「Show-Window Display에 대한 연구」, 이화여대 석사논문, 1988.

7. 현광숙, 「이미지통합공간으로서의 기업쇼룸에 대한 연구」, 홍익대 석사논문, 1990.

8. 한영호, 「쇼윈도 디스플레이에 대한 연구」, 홍익대 석사논문, 1981.

9. 강소연, 「남성의류매장의 디스플레이가 구매심리에 미치는 영향력에 관한 연구」, 숙명여대 석사논문, 1991.

조윤아

저자는 대학에서 디자인을 대학원에서 VMD와 경영학을 전공했으며, 조선대학교 정책대학원 외식문화 CEO과정, 전남대학교 평생교육원 외식산업최고경영자과정, 삼성 에버랜드 서비스강사 코스, 신용보증기금 (KODIT) 창업스쿨, (사)한국프랜차이즈협회 교육을 수료했다.

현재는 대학 강단에서 학생들을 가르치며, 현장에서의 다양한 경험과 노하우를 토대로, 전주국제발효식품엑스포 컨설턴트 및 자문위원, 소상공인지원센터 강사, 기업서비스교육강사, 외식산업창업컨설팅 및 서비스컨설턴트로 일하고 있다.

| 개정판 |

고객을 한눈에 사로잡는
상업공간의

VMD
Visual Merchandising

디자인 마케팅

초판발행 2012년 3월 2일
초판 3쇄 2019년 1월 11일

지은이 조윤아
펴낸이 채종준

펴낸곳 한국학술정보(주)
주소 경기도 파주시 회동길 230 (문발동)
전화 031 908 3181(대표)
팩스 031 908 3189
홈페이지 http://ebook.kstudy.com
E-mail 출판사업부 publish@kstudy.com
등록 제일산−115호(2000. 6. 19)

ISBN 978-89-268-3130-4 13320 (Paper Book)
      978-89-268-3131-1 18320 (e-Book)